Geschenk
zum Vorruhestand
von Frau Bauer

1. 7. 1992

Julius Kreis · Wir Münchner

Julius Kreis

Wir Münchner

Geschichten

Herausgegeben von Heidi Krischke

Mit einem Vorwort von
Fritz Fenzl

W. Ludwig Verlag

Umschlaggestaltung und Titelbild: Ricarda Dietz, München,
unter Verwendung von Zeichnungen von Julius Kreis

ISBN 3-7787-3418-0

© 1992 W. Ludwig Buchverlag
in der Südwest Verlag GmbH & Co. KG, München
Alle Rechte vorbehalten
Printed in Austria
Satz: Typodata GmbH, München
Druck und Bindung: Wiener Verlag, Himberg

Inhalt

Julius Kreis alias Hans Guckindluft
oder Das schreibende Auge des Zeichners

«Ich gehöre nämlich zu jener von der Geschichte der Weltweisheit so hartnäckig totgeschwiegenen Philosophenrichtungen, deren Erkenntnisquellen in einer guten Zigarre, in einem Gläschen vortrefflichen Alkohols oder in einem Frühjahrsbummel durch besonnte Straßen liegen, wo Leut und Viecher, Kinder, Hunde, Obstkarren, Equipagen, Dreiquartelprivatiers, Filmsterne und Radiweiber, Religionsstifter und Ausgeher, Opernsängerinnen und Scherenschleifer, alles, alles in einer großen Spielzeugschachtel durcheinanderwuzelt.»

Liest man die Geschichten, Satiren und Glossen dieses liebenswerten Schriftstellers, des Urmünchner Schreiber-Originales Julius Kreis, der am 31. August 1991 seinen 100. Geburtstag hätte feiern können, dann könnte man leicht vermuten, daß literarische Spaziergänger sich in München die Türklinken der Zeitläufte in die Hand drücken und, auf ihre ganz eigene münchnerische Art, unsterblich sind. Man denke nur an Karl Spengler, Sigi Sommer, Herbert Schneider ...

Für diese Unsterblichkeit der Münchenbetrachter mit liebenswert-spitzer Feder sorgen dann schon literarische Gesinnungsgenossen, denen das Amt der Widmung obliegt. Und so stößt man beim Durchblättern der Kreis-Beschreiber, die sich durchaus nicht immer im Kreis drehen müssen, stets auf Namen eben wie Karl Spengler oder Wugg Retzer.

Nun war Julius Kreis offensichtlich ein Liebhaber der Stammtischhockerei, und man sieht es den Fotos aus seinem späteren Leben an, daß er das «gute Gläschen» nicht nur literarisierend liebte – oder brauchte. Dies sitzende Tun, das später auch Erich Kästner so sehr bevorzugte, es bestimmte das schriftstellerische Denken von Kreis und auch sein «literarisches» Zeichnen. Denn in den Bildern des Doppelbegabten spielt der Typus des «Bierdimpfl» und dessen dimpfelndes Drumherum eine geradezu leitmotivische Rolle. Ein kurzer Blick auf die Illustrationen von Julius Kreis bestätigt dies: Der dick-unselige, stets grantelnde Münchner geht ihm mit Abstand am besten von der zeichnenden Hand.

Es ist geradezu augenfällig, wie sehr der dickliche, kurzhalsige Münchner mit dem Dauerdurst und den dazugehörigen Denkrichtungen das grafische Werk von Kreis dominiert.

Julius Kreis, der so gerne auch die Vorstadt als Kulisse seiner Geschichten wählte, kam in der Ludwigvorstadt als Sproß einer Münchner Schreinermeistersfamilie in der Augsburgerstraße zur Welt. Der lesehungrige junge Mann Julius zeigte bald ein ausgeprägtes Zeichentalent, aber sein Vater war der Auffassung, er solle «etwas Ordentliches» werden. Julius Kreis wurde also ins Luitpoldgymnasium geschickt, um daraufhin die Präparandenschule in Landsberg und das Seminar in Freising zu besuchen. In Unterföhring kam schließlich der Hilfslehrer Kreis endlich zu Kathederwürden.

In diesen Jahren vor dem Ersten Weltkrieg gelang es dem jungen «Erziehungsberechtigten» dann, erste literarische Arbeiten in der «Münchner Illustrierten Zeitung» und in den «Fliegenden Blättern» zu veröffentlichen. Obwohl er so gerne Maler hatte werden wollen, zeigte sich bald, daß das literarische Bild ihm näher lag als das gemalte. Kleine pointierte Geschichten schrieb er nun immer wieder, nette, aber scharf beobachtete Augenblickseindrücke hielt er fest, wie sie, sagt Spengler, «... so bildhaft nur einer beschreiben kann, dem eine gute Fee auch ein Malerauge geschenkt hat». Und Spengler erlaubt sich die anerkennende Wertung: «Kein Nachfolger Ganghofers oder Thomas, in deren Weise so mancher tönte. Julius Kreis war ein eigener.»

Doch war sein Leben nicht nur geprägt von Literatur, sondern leider auch von einem körperlichen Leiden. Schon in der Präparandenschule versagte das Herz von Kreis, und im Ersten Weltkrieg bei den Pionieren holte er sich einen schweren Gelenkrheumatismus und einen Herzschaden fürs Leben. Zwar konnte er nach dem Krieg in den Lehrberuf zurückkehren, doch ging er bereits 1924 in Pension, als ihm seine Krankheit den Dienst am Katheder immer unerträglicher machte.

Zu dieser Zeit «kannte man ihn». «Jugend» und «Münchner Zeitung» brachten periodische Geschichten von ihm und in der «München-Augsburger Abendzeitung» erschienen die «Münchner Spaziergänge» des Hans Guckindluft, einer Art Vorgänger des «Blasius», der mit einfühlsamer Ironie Lokalereignisse glossierte. Vielfach hat Kreis seine Bücher auch selbst illustriert. So das «Fröhliche Vogelhaus», «Vom Lieben Adam Mensch», «Kleine Welten», «Tandlmarkt» (Geschichten aus einer kleinen Großstadt) und andere. 1920 schrieb er das satirische Büchlein «Der umgestürzte Huber», es folgten die lustigen Geschichten «Er Sie Es» und «Auf stillvergnügter Walz».

Die wohl besten Arbeiten von Kreis, die nach seinem Tode herausgegeben wurden, sind im «Ringelspiel des Alltags» vereinigt. Unter diesen herrlichen, treffsicheren Geschichten finden sich auch so «aktuelle» Themen wie «Eine Rohkost-kur», «Der neue Film» oder «Der Fremdling und die Weißwurst». Die Textauswahl des vorliegenden Sammelbandes zeigt allein schon die liebenswerte Art, mit der Kreis seine Themen suchte und überschrieb («Kleiner Tandlmarkt» u. ä.).

Kreis, der gerne junge Talente förderte, ist 1933, eben nur 42jährig, gestorben und ruht im Münchner Ostfriedhof. Er hatte eigentlich noch viel vor. Das Fragment eines großen Romanes (Arbeitstitel «Mauerei») ruht, wie der wesentliche Teil des geschriebenen und gezeichneten Nachlasses, in der Handschriftenabteilung der Stadtbibliothek.

Aus Anlaß seines «100. Geburtstages», den er hätte am 31. August 1991 feiern können, hat die Monacensia eine kleine Kabinettsausstellung «Julius Kreis» geboten, die den «Kreis» gezeichneter Vorstadtimpressionen, über Handschriften bis hin zu seinen Erstausgaben veranschaulichte.

Dieser Kreis schloß sich mit der hochpoetischen Handschrift «Abschied».

Abschied! So früh hat er gehen müssen. Im «Spätwerk» aber wuchs der Grafiker und Maler über sich hinaus. Wobei zu bemerken ist, daß der «ältere» Kreis mit seinen apokalyptischen Bildvisionen sich der Weltdarstellungsart von Alfred Kubin sehr stark angenähert hat.

Wer weiß, welche Entwicklung er noch genommen hätte. Doch die Münchner Geschichten des Doppeltalents bilden für uns auch heute noch einen unversiegbaren Quell reiner (Münchner) Lebensfreude!

Fritz Fenzl

Der Frühjahrsradi

Der Kneiphof liegt unter dem lichtgrünen Baldachin des jungen Kastanienlaubs. Noch sind nicht viele Gäste da. Einige Frauen wollen nach dem Markteinkauf schnell ein Glas «mitnehmen», ein Arzt braucht zwischen zwei Patientenbesuchen eine kleine Stärkung. Ein Rechtsanwalt vor dem Gang zu Gericht, noch ein paar Mappenherrn, die sich vor der trockenen Büroluft hier noch ein bißchen gütlich tun wollen.

An einem Faß sind zwei gut unterwachsene vollblütige Münchner vor Anker gegangen. Ältere Herren. Man sieht ihnen an, daß sie sozusagen Bier-Veteranen sind, aus der ganzen Art, den Krug zu heben, den Schaum vorsichtig anzublasen, aus dem ersten, würdigenden Schluck, aus allem Drum und Dran. Der eine nimmt wie einen köstlichen Schatz aus der hinteren Rocktasche einen Radi heraus und wickelt ihn mit fast zärtlichen Fingern aus dem Papier, hebt ihn am Schwanz in die Höhe und läßt ihn voll Wohlgefallen ein wenig baumeln.

«Am Markt hab i 'n mitgnumma. Is halt no a Delikateß, so a Fruahjahrsradi, kost' a schöns Geld, aber manchmal muaß ma si halt doch a bißl was Extras zuaklaubn.»

Der andere, voll sachlicher Teilnahme: «Ja, jetzt san s' am besten, de junga, de ham halt no den richtigen Saft, den feina Biß, – des ham s' im Juli und August nimmer. Was derf jetzt so oaner kostn? ...» «Mei, des trau i mir gar net sagn. Is ja fast a Sünd für an Radi. Dreißg Pfennig!» Der andere nickt respektvoll, aber resigniert.

«Wissen S', es hätt aa oa um fünfazwanzg gebn, aber da reut mi des Fünferl net, i schaug's net o, wenn ma was Richtigs drum kriagt. An Radi kenn i 's glei am Griff o, was er is. – Net de größern nemma, san net allweil de bessern. Am Gwicht muaß ma 's kenna, a Gfui muaß ma halt ham dafür ...»

Der glückliche Besitzer schneidet seinen Radi nun voll Hingabe, Erfahrung und Können zurecht. Sein Gegenüber verfolgt jeden Schnitt wie ein wohlwollender, aber durchaus kritischer Schiedsrichter. «Hoaßt's allweil, wer guat Radi schneidt, kann guat tanzen. No des trifft soweit zua. Als a Junger, sehng S', Herr Nachbar, da hob i fürs Leben gern gflankelt, jetzt lassn halt d' Haxn aus und überhaupts ... Mir is a so a Radi glei liaber wia alle de Danz. Als a Junger versteht ma's ja net, was guat is. Aber de ham schließli aa wieder recht. – Sodala!» Der Radi ist schön sauber und dünnblättrig fertig geschnitten. Kein Fehl ist daran. Er wird sorgfältig wie eine Präzisionsarbeit durchgesalzen.

«Des muaß ma halt aa im Gfui ham! A Körndl z' vui, scho werd so a zarter Radi z' rass – a Körndl z' weni, na hat er scho nimmer de richtige Boaz. Jetzt lassn ma' n amol auswoana, den Bruader!

(Zum Radi gewendet!) So, ziag nur schön o! Bist as scho wert, deine dreißg Pfennig!»

Der Radi kommt nach und nach schön ins Weinen. Zwei Augenpaare ruhen liebevoll auf ihm. «Z' vui derf er aa net boazn, sunst verliert er sein Saft. Jetzt moan i, waar's grad recht.» Mit der Stilettspitze hebt der glückliche Besitzer vorsichtig einige Blättchen auf, um sich zu überzeugen, ob der Radi «zeitig» ist. Hat'n scho!

Und nun muß man das Opfer ermessen, das Höflichkeit, gesellschaftliche Formen, der «Ghört si» von dem Radi-Inhaber verlangen. Er weist mit dem Stilett einladend auf die saftige Wurzel und sagt – mit ganz leisem, zagem Hoffen, daß vielleicht doch eine Ablehnung erfolgt: «Mögn S' net probieren, Herr Nachbar?»

Der tut ein bißchen scheniert und sagt: «Mei, is ja a so net vui dro, aber i bin halt so frei!» Er kann der Lockung nicht widerstehen. Die ersten Blattln werden beiderseits mit einem Schluck besiegelt. Der Gast lobt aus vollem Herzen, nicht nur, weil der Radi wirklich prima ist, sondern auch natürlich aus Dankbarkeit für das Gastgeschenk: «Da ham S' aber wirkli was Feins erwischt. Wia junge Spargel schmeckt er. Radikaffa muaß ma aa versteh!» Der Radi-Inhaber nickt stolz. Er hebt wieder mit zierlich gestellten Fingern ein Blättchen empor. «Is ma glei liaber wia a Weißwurscht», sagt er. «Sehng S', a Weißwurscht – a Ruck und a Druck und drunt is! I sag nix dagegen. Aa was Guats! Aber so a Radi, der hebt halt. Und a Weißwurscht gibt's im Winter aa, aber mit'm Jahr muaß ma geh!»

Der Gegenüber pflichtet eifrig bei. Er sagt, daß er sich aus Weißwürscht überhaupt nichts macht.

«Mögn S' no a Blattl?» – «Bin so frei – Ko i ja fast net verantwortn, daß i bei Eahnan Radi da so mithalt ...» – «Jetzt is scho gleich, Herr Nachbar. Im Sommer ko a jeder Radi essn. Da gibt's mir gar nimmer so vui ab.»

Beide andächtig: «Im Fruahjahr, da san s' am bestn ...»

Gar is er, der Radi. – Der Spender fühlt sich wie ein Fürst, der einen Fremden zu herrlichem Mahl gebeten hat, der Gast wie ein reich Beschenkter, dem das Märchen begegnet ist.

Glückliche Viertelstunde unter den Kastanien beim Frühjahrsradi.

Maibockprobe

Was sind «Saftln»?

«Saftln» ist ein besonderer, der Zunftmedizin vielleicht unbekannter Münchner Begriff für gewisse lebenswichtige Säfte im Organismus, eine Zusammenfassung für alles, was die Gelehrsamkeit etwa mit «Hormone» bezeichnet. Das sind die «Saftln». Für sie ist der Maibock gut. Die alte Münchner Laienmedizin schreibt den Frühjahrsbieren besonders heilkräftige, erneuernde Wirkungen zu. Durch den Maibock sollen die «Saftln» in Bewegung kommen.

In vergangenen Jahrhunderten wurde die Güte des Frühjahrsbiers durch eine besondere Bierkieserkommission obrigkeitlich geprüft, ehe man das Gebräu an die Bürger ausschenkte. Auf die Bierbank wurde der Bock gegossen, und die Kieser setzten sich mit hirschledernen Hosen darauf. War der Bock gut, so konnten

sich die Kieser nach längerer Zeit schwer oder gar nicht vom Sitz erheben, und dieser letztere Umstand soll sich bis auf den heutigen Tag (auch ohne hirschlederne Hosen) als Probe bewährt haben. Bevor man den Maibock dem Urteil des beschränkten Untertanenverstandes aussetzt, findet auch jetzt noch eine sozusagen obrigkeitliche Prüfung statt. Die «G'wappelten», wie hierzulande der Volksmund seine Oberen nennt, die Spitzen der Staats- und Stadtbehörden, reich umrankt von «Prominenten» aus allen Lagern des Lebens, sammeln sich im großen Festsaal des Hofbräuhauses zur Maibockprobe.

Sämtliche Minister – wenn nicht ganz wichtige anderweitige Dienstgeschäfte sie verhindern – sind da. Die höheren Beamten der Staats- und Stadtbehörde, Abgeordnete unterschiedlichster Parteien kommen, die Presse, die Kunst, die Wissenschaft und die Industrie schicken ihre Vertreter.

Wer in Bayern zur Maibockprobe geladen ist, kann wohl sagen, daß er es zu etwas gebracht hat. Die Teilnahme daran ist der erste Stein zum Denkmal kommender Größe. Die Besorgnis der Führenden im Staat, daß das Volk nicht nur gute Paragraphen, sondern auch ein gutes Bier vorgesetzt bekommt, ist ein schöner menschlicher Zug im Antlitz der Macht. Leute, die es immer besser wissen, mögen vielleicht angesichts der Teilnahme der Staats- und Stadtregierung an der Maibockprobe etwas von oben herab sagen: «Da seht die Bayern! So wichtig ist ihnen ein gutes Bier, daß sogar ihre Minister zur Probe kommen.» Aber das macht uns nichts aus. Der Dichter Gottfried Keller sagt von ungefähr: «Aus einem Menschen, in den nichts Gutes hineinkommt, kann auch nichts Gutes herauskommen.» Und das gilt für große Minister ebenso wie für kleine Leute. Der Staatsminister ist in Bayern heute wie ehedem kein thronender Dalai-Lama, sondern jenseits seiner Amtsgeschäfte Bürger unter Bürgern. Schmeckt ihm der Maibock privatim gut, so schadet es nichts, wenn hier persönliche Neigung und Sachkenntnis die «amtliche Funktion» des Maibockprüfens unterstützen, im Gegenteil. Der Ruf nach dem «Fachmann» ist ja heute besonders aktuell. Würden sich die Staatslenker aller Länder mehr darum kümmern, daß und wie ihr Volk zu essen und trinken bekommt, so würden sie mehr Beifall haben als mit dicken Konferenzen und ausgeklügelter Politik, die mitunter so schwankend macht, obwohl keine Maibockprobe vorangegangen ist.

Der Fremdling
und die Weißwurst

Lehmann und Schulze aus Wreschen und Mr. Smith aus Chicago stehen ihr bei der ersten Begegnung hilflos gegenüber, aber selten ratlos. Wenn die Fremdlinge im Hofbräuhaus oder Franziskaner verzagt vor dem so seltsamen Frühstücksleckerbissen sitzen, findet sich fast immer ein barmherziger Einheimischer, der sie in der Behandlung dieser Heimatwurst unterrichtet. Der gute Reisende hat stets das Bestreben, in jedem Land wenigstens einmal das Nationalgericht zu kosten, und wie er in Marseille an die Fischsuppe, in Afrika an gebackene Heuschrecken und in Italien an Spaghetti geht, so scheut er auch in München vor dem schwierigen Gericht Weißwurst nicht zurück.

Ein altes Münchner Sprichwort heißt: «A Weißwurscht darf's Zwölfileutn net hörn!» Mit anderen Worten, sie ist ein Frühstücksgericht, ein Appetitbissen. Ganz stillos ist es, nachmittags oder abends eine Weißwurst zu verlangen oder gar zu essen. Tiefem Mißtrauen und stiller Verachtung würde ein solches Handeln bei dem Einheimischen begegnen. Aktuell, stilvoll wird die Weißwurst im Fasching oder bei nächtlichen Festen aller Art wieder in der Zeit von 2 bis 5 Uhr früh. Da gilt sie als Lebenswecker, ist so eine Art von Energiepille.

Der Fremde steht dieser Wurst zu Anfang meist ablehnend gegenüber. Sie ist ihm zu molluskenhaft, zu wenig kernig, zu fremdartig im Geschmack, für den Neuling auch schwierig zu behandeln. Man braucht dazu eine gewisse chirurgische Technik, um ihr die Haut abzuziehen, ein Schnitt durch das Teilstück längs gezogen; dann die Haut gewandt abgerollt, nun der Herr Oberhuber gibt einen Einführungskurs an seiner Wurst. «Da schaugn S' nur her, Herr Nachbar. A so gehts!» Zu seinem Freund Niedermeier sagt er dann auf dem Heimweg: «Es san halt Breißn! Net amal a Weißwurscht essen könna s'!»

Ganz eingeborene Eingeborene sehen mit gerunzelter Stirn, geradezu schmerzverklärt, wenn ein Fremder eine Weißwurst allzusehr mißhandelt. Jeden falschen Schnitt spüren sie, als ginge er in die eigene Haut.

Lehmann und Schulze kosten, nachdem sie unterwiesen worden sind, erst vorsichtig. Sie kommen nach und nach auf den Geschmack und finden, daß die Wurst geradezu «schön» schmeckt. «Fräulein, bringen Sie noch so n Paar Weißwürstchen!» Weißwürstchen! – «Hast es gehört», sagen die Mienen der Stammgäste.

Man fragt die Kassierin ums Rezept. Vielleicht kann Muttchen in Wreschen mal welche herstellen. Die Kassierin sieht den Mann mit dieser Vermutung nur mitleidig an: «De Weißwurscht könna Sie net macha, de werd überhaupts bloß bei uns was.» Denn die Kunst, gute Weißwürste herzustellen, ist die Münchner Wirtshausalchemie, ängstlich gehütet, aber gepriesen und für den Besitzer ein wirklicher Goldklumpen, wenn sich's von Mund zu Mund weiterspricht: «Beim X-Bräu gibt's de besten Weißwürscht!»

Sie ist eines der Nationalgüter Münchens, und wenn einmal das Rezept ihrer Herstellung vergessen ist, dann ist der Niedergang Münchens besiegelt.

Vom Aufmanndln

Wer in München aufgewachsen ist, dem bleibt dieses Wort vertrauter Klang aus Bubenjahren: «Tua di fei net aufmannd'ln!»

Das war so etwas wie ein Hornruf vor dem Kampf. Es konnte eine Fanfare sein, aber bisweilen – für ganz feine Ohren – auch ein Rückzugssignal. Wie immer macht auch hier der Ton die Musik. Beim Bubenkrieg ist's nicht anders wie in der großen Politik mit

Wort und Waffe. Die Kontrahenten haben – sofern sie einigermaßen gleich «gestellt» sind – eigentlich ein bißchen Angst vor ihrer Courage und warnen deshalb den Gegenüber, nicht allzu couragiert zu sein.

Zu unserer Schulbubenzeit war zwischen einzelnen Straßenzügen ein steter offener und heimlicher Krieg. Stießen die Gegner truppenweise aufeinander, so begann in der Regel die tätliche Auseinandersetzung sehr bald nach dem konventionellen Austausch einiger ätzender und ehrenkränkender Ansprachen. Trafen sich aber einzelne aus den feindlichen Lagern, dann beschränkte sich die Gegnerschaft gewissermaßen auf den diplomatischen Notenaustausch, wenn nicht gewichtige persönliche Differenzen im Feld standen.

Dann maßen sich der Hansl und der Maxl im Vorbeigehen mit drohenden Blicken, und jeder blieb – Bereitsein ist alles – stehen. «Was schaugst denn, du Depp?» – «Weil i Augn hab, wenn i Hörner hätt, taat i stößn!» Dann trat der eine einen halben Schritt näher und lupfte die Schulter ein wenig gegen die des andern: «Tua fei net koppen!» (oder «köppeln»). Darauf der andere: «Tua di fei net aufmanndln!» Und darin lag nicht selten ein gewisser honoriger Abbruch, ein grollendes Verklingen der Begegnung, ein Aufschub des offenen Krieges auf eine günstigere Gelegenheit.

Beide hatten sozusagen ihrer Kriegerehre genug getan. Sie hatten sich gegenseitig vor ihrer Stärke und vor ihrer Schneid gewarnt.

Aufmanndln! Das ist eines jener herrlichen, bildhaften, lebendigen Worte, an denen Dialekte, insbesondere die altbayerischen, so reich sind.

Das ist ein kleines Nichts, ein Knäblein, das reckt sich auf, tut so, stellt sich auf die Zehenspitzen, bläht die Brust und gockelt den andern an. Er reckt sich auf zum Pseudo-Mann. «Er tut sich aufmanndln.»

Immer wenn das Wort unter Großen, Erwachsenen fällt, ist die Bubenluft wieder da.

Wenn irgendein Gschaftelhuber sich wichtiger macht, als es seiner Person zu- oder ansteht – nichts dämpft seine Betriebsamkeit so, als wenn die Stimme des Volkes über ihn kommt: «Sie, tean S' Eahna da net so aufmanndln!» Gleich wird er vor dem Publikum klein, auf sein Maß zurückgeführt, die Umstehenden sehen ihn gleichsam körperlich und geistig schwinden, einschnurren.

Männer manndeln sich alle bisweilen ein bißchen auf. Der eine mehr, der andere weniger, der eine feiner, der andere gröber. In jedem Manne steckt der Bub von einst.

Sie haben ihre Straßenkriege aus der Jugendzeit nicht vergessen. Nur hat die Straße und die Straßenehre, deretwegen man sich «aufmanndeln» muß, die mannigfachsten Wandlungen und Formen erlebt, vom kleinen «Zwischenfall» im Gasthaus mit Augenblitzen, Brustton und «Hinausbitten» bis zu den schwierigsten weltpolitischen «Aufmanndeleien».

Besonders gern manndelt sich das Manndl auf, wenn eine «Sie» im Umkreis ist. Der radschlagende Pfau, der kollernde Truthahn, der Kikeriki – alles alte Aufmanndler aus des Herrgotts Tiergarten. Ihr Radschlagen, Kollern und Krähen sublimiert sich beim menschlichen Mann von 1933 im leichtesten Fall durch ein straffes Anziehen des Jacketts, durch die Wölbung der Mannesbrust, durch einen energischen Ruck und Zug am Schlips. Darüber hinaus: vor Gegenübern, die als feindlich empfunden werden, manndelt man sich je nach Veranlagung durch moralisches oder amoralisches Plus, durch überlegene Geistigkeit oder seelischen Feingehalt auf, durch alle die mannigfaltigen Pfauenräder nach dem Grundsatz: «Wer ko, der ko.» – Wem geistige oder seelische Effekte mangeln, der gleicht nicht selten das Manko sehr überzeugend durch einen Kinnhaken aus.

Vielleicht könnte das Leben in unserer kleinen und großen Welt ruhiger, reizvoller und genußreicher sein ohne diese Geräusche des Wertbewußtseins. – Aber es ist dafür gesorgt, daß die Bäume nicht in den Himmel wachsen. Denn von Mal zu Mal ertönt für den einen wie für alle eine Stimme über der Welt: «Nicht aufmanndeln!»

Die Stammbank

Sie steht unter dem breitästigen Kastanienbaum wie unter einem grünen Baldachin, und an den heißesten Tagen ist's dort immer noch wundervoll kühl und schattig. Ihr gegenüber ist die Büste eines berühmten Mannes auf hohem Sockel errichtet, und wenn er seinen hölzernen Winterüberzieher auszieht, ist auch schon der erste Stammgast da. Da sind die Zweige des Baumes noch licht-durchlässig, und am ersten warmen Frühjahrstag kommt er den Weg herauf.

Um den Hals hat er ein seidenes Tüchlein gewunden, der Man-telkragen ist noch aufgeklappt, nur der unterste Knopf ist frei, ein Zugeständnis an den Frühling. Er sieht seine Bank liebevoll an, klopft mit dem Stock an Sitz und Lehne, ob alles auch den Win-ter gut überstanden hat – aber zum Hinsetzen ist's doch noch zu früh, wenn die Gicht in den Knochen steckt.

Aber ein Monat darauf oder zwei, da nimmt er endgültig von ihr Besitz. Heuer hat sich's durch das Wetter um vier Wochen ver-zögert.

So um zwei Uhr nachmittags taucht der alte Herr am Eingang der Anlage auf. Er hat einen breitrandigen, schwarzen Strohhut, ein glattrasiertes, freundliches Gesicht und eine Brille, die, sooft sie auch geputzt wird, nie ganz sauber ist. Er ist natürlich Jung-geselle; denn die Halsbinde sitzt schief, und die Nähte am Rock-ärmel – es kam einmal ein kleiner Riß hinein – sind recht grob-schlächtig. Es liegt überhaupt ein bißchen Patina über der ganzen Figur. Ehemänner kommen gar nicht dazu, so etwas anzusetzen.

Die Leute in der Anlage kennen ihn alle. Der alte Aufseher legt zwei Finger an die Mütze und grüßt! «'ß Good, Herr Professa!» Wo und von wem er diesen Titel erhalten hat, weiß niemand ge-nau, der «Herr Professor» selbst vielleicht am wenigsten. Aber die Anrede ist nun einmal schon seit zwanzig Jahren im Gebrauch, und es ist gut so. Die beiden Alten, der Aufseher und der Profes-sor, reden ein bißchen vom Wetter, von den Wiesen, vom Krieg, vom leidigen Essen.

Die Kinder, nun schon in der zweiten Generation, geben ihm die Hand und treiben hinter seinem Rücken ein wenig Schabernack, lassen einen Maikäfer am Rock hinaufkrabbeln oder zupfen am roten Schnupftuchzipfel. Wenn er es merkt, droht er zum Spaß mit dem Stock.

Jetzt ist er an «seiner» Bank. Umständlich klopft er mit dem Sacktuch den Staub weg, dann läßt er sich langsam und behaglich nieder, klemmt den Stock zwischen die Beine und wickelt vorsichtig die Nachmittagszigarre aus einer zerknüllten Stranize. Er hält die Zigarre zierlich, voll Genuß und sieht den Rauchringen nach. Dann streut er ein paar Brotkrümel auf den Weg; seit das Brot rar geworden ist, sammelt er die Bröserl in einer Zündholzschachtel. Ist er dann noch allein auf der Bank, liest er die Zeitung von vorgestern.

Nicht lange danach kommt der andere Stammgast. Der hat keine Brille, dafür aber einen Bauch, er ist Witiber, nicht Junggeselle, er ist kein «Professor», sondern ein sogenannter «Dreiquartelprivatier». Vor zehn Jahren haben sie sich auf derselben Bank kennengelernt.

Der Professor steckt die Zeitung ein. Begrüßung! – Gesundheitsbericht. – «I moan, a Wetter kimmt, Herr Professor, i gspür's in de Haxn!»

Kritik der Zeitläufte. Herr Maier gibt seiner galligen Weltanschauung den denkbar schärfsten Ausdruck, der «Professor» mildert lächelnd die Schärfen, gießt Öl auf die Wogen, ist Optimist, seine Brillengläser blitzen in jugendlichem Idealismus. «Mei Herr Professor, Sie redn leicht, aber da Gschäftsmo ...» – das ist seit zehn Jahren die stehende Redensart. Was für ein Geschäft Herr Maier für seine Person im Auge hat, ist dunkel. Herr Maier hat auch einen Sohn. Früher hat er nie davon gesprochen. Jetzt zeigt er dem Professor aber dann und wann eine Feldpostkarte und spricht den französischen Namen darauf frei von der Leber weg.

Der Professor lächelt und sagt, wie es richtig heißt: «O-a müssen Sie sagen, für ‹ois› ...»

«Und i sag ‹ois›, wia's dasteht, wega de dappigen Franzosen da, de dappigen. – Was sagn S' denn zum Dünnbier, Herr Professor, a solchane Gemeinheit ...» – «Ich trinke kein Bier, das natürlichste Getränk ist doch unser vorzügliches Münchner Wasser. Es ist wissenschaftlich nachgewiesen ...» – «Mit Eahnaner Wissenschaft!» – Ein vernichtendes Urteil.

«D' Fräul'n Theres» kommt. Sie ist die Jüngste auf der Stammbank. Eine runde, appetitliche Kinderfrau, nicht mehr ganz jung, aber natürlich auch noch nicht ganz alt. Und wenn sie in ihrem blauen Kattunkleid mit der weißen Schürze so dasitzt und die Nadeln in ihren Händen klappern, kann manchem Witiber noch warm ums Herz werden. Ein Sparkassenbüchl hat sie auch, und wenn der Krieg nicht gekommen wäre, wer weiß – so ein kleiner Wurstladen soll sich nicht schlecht anlassen nebenbei.

Aber jetzt in diesen Zeiten. Wie sagt Herr Maier: «Sie redn leicht, Herr Professor, aber der Gschäftsmo ...!»

Und seit drei Wochen ist noch ein anderer Stammgast erschienen, der schuld daran ist, daß d' Fräul'n Theres neulich ganz in Gedanken dem kleinen Fritzl die Beine in die Joppenärmel steckte, als es in die Anlage ging. Der Neue ist der Landwehrmann Gregor Bichler aus dem nahen Lazarett, der hier auf der Stammbank neben Fräulein Theres seine Ausgangsnachmittage verbringt.

Wenn das Fräulein Theres noch nicht da ist, unterhält sich der rauhe Krieger mit den beiden alten Herren, und sooft auch der Herr Maier fragt: «Wann glaaben S' denn, daß der Kriag gar werd?» – zuckt er geheimnisvoll die Schultern, wie einer, der wüßte ...

Aber: Soldaten, laßt euch nicht ausfragen!

Erscheint aber das Fräulein Theres, dann verändert sich mit einemmal das Gespräch von Krieg und Kriegsgeschrei und macht handfesten Komplimenten und Artigkeiten Platz.

«Geh, Sie san oaner!» sagt das Fräulein Theres, aber es ist ihr gar nicht zuwider, daß er «oaner is». Neulich hat sie ihm eine Zigarrentasche gebracht, und er hat ihr bereits seine Photographie geschenkt und darunter geschrieben: «Zur freundlichen Erinnerung an den Weltkrieg 1917».

Dann hat er sie bis vor die Anlage begleitet, und sie hat ihm gesagt, daß das Leben schon recht hart wäre, wenn man nicht ein schönes Sparkassenbüchl hätte zum Zusetzen ... Und dabei hat das Fräulein Theres den Landwehrmann Gregor Bichler mit einem Trommelfeuer von Blicken überschüttet.

Herr Maier auf der Bank hat den beiden nachgesehen, bis sie um die Ecke verschwanden.

«Ja, die Weiber», sagt er, «lassen S' Eahna nur mit deni net ei, Herr Professor, dös is a solche War! I bin nur froh, daß i alt bin und überhaupts» – –

«Sie können leicht redn, Herr Professor, aber der Gschäfts-mo ...»

Auf der Auer Dult

Draußen auf der Auer Dult ist die Zuflucht aller schiffbrüchigen Werte aus Palast und Hütte. Hier ist Auf und Ab, Ende und Anfang von Besitz und Habe. Jahrhunderte sind da auf einem Quadratmeter vereint, Strohhüte und Eisenhauben aus dem Dreißigjährigen Krieg, Spirituskocher und Heiligenlegenden, Raupenhelm und Frisierbüsten, Glühbirnen und Porzellanfigu-

ren, Violinen in Samtkästen und Kreuzottern in Spiritus, Regenschirm und Kürassiersäbel, Ölgemälde und Matrosenanzügerl und überall Bücher, Bücher, Bücher.

Ein altes, weißhaariges Manndl, den Schirm zwischen die Knie gepreßt, blättert in stockfleckigen Folianten mit alten Stichen. Der Tandler kennt ihn schon. Er zeigt ihm seine letzten Köstlichkeiten, nimmt aus der Kiste Raritäten, die nicht für jeden sind. Er bringt ihm einen Stuhl zum Niedersetzen. Nein, kaufen braucht er nichts. Der Tandler weiß schon, daß die schlechten Zeiten dem alten Herrn die Börse mager gemacht haben. Aber es freut ihn, daß da einer seine «Sacherln» betrachtet, der was davon versteht. «Wissen S', Herr Professor, des is a Kreuz, daß de oan bloß as Geld ham und de andern bloß an Verstehstmi.» Ein Brautpaar sieht sich in der «War'» um und fragt nach einem Biedermeierschrank. Ein Lausbub möcht wissen: «Sie, Herr, was kost denn der große Sabi da?» Ein Bauer prüft mit hartem Daumen und Zeigefinger das Tuch einer Hose, ein langhaariger Jüngling blättert in Ölskizzen – vielleicht könnte doch ein echter Leibl darunter stecken.

«Schöne Gemälde, Herr», sagt der Tandler. «Alles handg'malt. Prima Kunstmaler! Mit an Rahma drum rum, is ja direkt a Kapitalsanlag. Hat erscht vor zwoa Jahr a Herr an echtn Rubens heraus gfundn.»

«Da Frau, a Blumenstilleben. – Waar a schöns Hochzeitsgschenk. De riacha direkt, so natürli san s' gmalt ...»

Ein altes verhutzeltes Weiberl kommt und nimmt vorsichtig und verlegen ein Paar Zugstiefletten in die Hand. Die wären recht gut. Schöne Sohln! Das Oberleder ganz. Sie prüft mit knochigen, zittrigen Finger. «Wos kosten s' denn, de Stiefi?» «De san no kaum tragn, Muatterl!» wendet sich der Tandler von den Ölgemälden weg. «Da hätten S' was Guats, was Solids! Weil 's Sie san, zwoa Mark fuchzg.» «Mei, o mei, des is ja vui z'vui für mi! – Aber paßt hätten s' mir grad moan i. Derf is a mal probier'n?» Der Tandler rückt ihr ein Hockerl zu, und das Weiblein probiert die Stiefletten. «De san von an hohen Offizier», sagt der Tandler ermunternd. «Guat passatn s' scho! Aber vui Geld is halt! Genga s' net um zwoa Markl her?» Schließlich gibt der Tandler nach. Das

Mutterl zieht mit den Offiziersstiefletten ab. Glückstrahlend. Vielleicht gewinnt sie einmal darin einen Krieg gegen eine böse Nachbarin. Man tritt gleich ganz anders auf, wenn man ordentliche Stiefel anhat.

Junge Burschen kramen in Werkzeug, Drahtrollen, Batterien, Radiozubehör, das, aus alten Apparaten herausmontiert, auf die Bastler wartet. Einer bräuchte Zuleitungsrohre und einen Benzintank für einen Motor, den er sich bauen will, ein anderer untersucht ein altes, rostiges Schnauferl aus der Kinderzeit dieser Fahrzeuge. «Ham S' koan Fußballdreß?» – auch dafür kann geholfen werden. «Sie, was kost denn der Roman da: Carlo Benetti, der Schrecken der Wälder, oder Treue bis zum Schafott?» Jedes Tandlmarktstück könnte seine Geschichte erzählen. Jahrzehnte, manchmal Jahrhunderte voll Wandel und Schicksal, voll Haß, Liebe, Reichtum, Not, Glück und Leid. Das alles ist in den engen Budenreihen, modrig und müde. Aber es ist nur Ruhe vor neuem Schicksal, Ende vor neuem Anfang. Denn alles Leben ist nur ein «Übergang'l».

Kleiner Tandlmarkt

Der Uhrhirsch

Dieser Hirsch aus Zinkguß, der gern Bronze wäre, trägt mitten im Leib und mitten im kühnen Sprung eine kleine Uhr. In den neunziger Jahren war dieses Stück Kunstgewerbe einmal ein repräsentativer Schreibtischschmuck. Die Uhr schlug diesem Hirsch und seinem Besitzer wohl manche glückliche Stunde. Ganz sicher gehörte er einmal einem Weidmann, der ihn zu Weihnachten oder zum Geburtstag von seiner Braut oder Gattin erhielt, vielleicht hat ihn der treffsichere Jäger auch bei einem Preisschießen «herausgeschossen», möglicherweise – aber das wäre leise zu bedauern – war der Besitzer gar kein Weidmann, sondern ein Irgendwer, der den Uhrhirsch (oder die Hirschuhr) im Glückshafen gewonnen hat. Und dann waren keine Erben da, oder die Erben haben den Uhrhirsch – stolz auf ihren Geschmack – der Zugehfrau beim Umzug geschenkt, wie dem auch sei, auf wieviel Wegen der Hirsch beim Tandler gelandet ist – jetzt steht er da in der Bude zwischen einer Büste von Richard Wagner und einem Spiritus-Rechaud und trägt immer an seinem Ur- und Grundproblem: ist er eigentlich ein Hirsch oder eigentlich eine Uhr? Diese Spaltung seines Wesens, durch keinen Psychotherapeuten heilbar, hat diese Plastik im Lauf der Zeit auch unmöglich gemacht; denn die harten und strengen Geschmacksrichter unserer Tage wollen entweder eine Uhr oder einen Hirsch. (Hirsche freilich haben, auch losgelöst von Uhren, wenig Gnade vor ihren Augen.) Ich sah einen aus ihrer Gilde beim Anblick des Uhrhirsches blaß werden, und hätte ihm seine Nachbarin nicht das Fläschchen gereicht – wer weiß, ob der Mann nicht ohnmächtig daniedergesunken wäre. So konnte er noch zitternd ein «Entsetzlich» stammeln.

Eine Frau aus dem Volke aber nahm den Uhrhirsch zärtlich in die Hände und sagte der Bewunderung voll: «Naa – so was Reizendes! – Geld wann i hätt – der Hirsch mit dera Uhr müassat mir ghörn.» – Und damit hatte sie nachtwandlerisch den Sinn der Väter in diesem Stück Tandlmarkt getroffen: nicht Uhrhirsch oder Hirschuhr. – Sondern Hirsch mit Uhr: Zierde und Zweck.

Dreiviertel-Geige

Sie ruht in einem sparsam mit violettem Plüsch ausgeschlagenen Kästchen. Eine Dreiviertel-Geige, das heißt also, das Instrument eines Kindes, eines Knaben. – Sollte es ein Wunderkind gewesen sein?

Warum nicht? Wunderkinder enden so manchmal auf dem Tandlmarkt. Es spräche nicht dagegen. Aber Wunderkinder spielen eine Amati oder Stradivari, kein Geigelchen, das um 12 Mark 50 zu haben ist. Diese Dreiviertel-Violine hat vielleicht einem Knaben gehört, in dem die strebsamen Eltern musikalische Talente wecken wollten. Und der Knabe hat so manchen Nachmittag, wenn draußen die Sonne im Blau stand, die Freunderln Fußball und Indianer spielten, mit heißem Kopf und mit Bitternis im

Herzen vor einem Notenpult gestanden und Tonleitern und Dreiklänge geschabt und als kratziges Dessert: Sum sum sum, Bienchen summ herum ... Und die Nachbarn haben schimpfend die Fenster zugeschlagen, und der Hund ist mit eingekniffenem Schwanz in die Korridor-Ecke geflüchtet. Der Violinlehrer aber – ein stellungsloser Kaffeehausgeiger (einst spielt' er mit Zepter und Krone und Stern ...) – hat in finsterer Qual das Ende der 80-Pfennig-Stunde herbeigewartet und dazu gewissenhaft mit dem Fuß den Takt geklopft: eins, zwei – drei, vier ... Der geigende Knabe hat in den Spielpausen den Haarschopf aus der nassen Stirn gestrichen, in den Augenwinkeln standen Tränen, und auch unterm Naserl war's ein bißchen feucht, und dann schlug die Uhr für Lehrer und Schüler die erlösenden vier Schläge.

So kann's gewesen sein. Aber auch so, daß zu diesem Geigelchen ein Kind mit heißen Wangen und leuchtenden Augen kam und für einen Buben das ganz große Glück eines Lebens aus dem violetten Kasten leuchtete, als er sich zum erstenmal auftat.

Wanda

die schöne Kapitänsbraut von Stralsund, oder Treue bis zum Schafott. – Hier liegen, gebündelt in hundert Lieferungen, die Schicksale Wandas.

Es sind die «Romanheftln» vergangener Tage, als noch kein Film sich um die Wandas annehmen konnte. Drei Handbreit hoch ist der Stoß. An den Rändern ist das Papier ausgebleicht, vergilbt, grau. Auf dem obersten Titelblatt geht es schon bewegt und stürmisch mitten in die Handlung hinein: «Wagen Sie es nicht, sich mir zu nähern», rief Wanda dem schurkischen Reeder zu ... Auf dem Blatt hebt eine märchenschöne Frau mit edler Gebärde einen Revolver gegen einen satanisch lächelnden, schwarzvollbärtigen Mann, dessen aggressive Absichten ein umgestürzter Stuhl versinnbildlicht.

Die Sonne hat das Papier gebleicht; denn dieser Roman ist oft auf einem Küchenbalkon liegengeblieben, unter schwelenden Petroleumlampen schwanden die Zeilen vor müden Augen. Könnte man in dem Roman blättern (aber er ist verschnürt), so fände man auf mancher Seite eingetrocknet noch die Tränenspuren empfindsamer Leserinnen. Die «Heft'ln» wurden zwischen Tür und Angel aus der Kolporteurhand entgegengenommen und an so einem Lieferungstag war dann meist die Suppe versalzen, der Rahmstrudel etwas angesengt, das Fleisch zersotten.

Kam die Hausfrau in die Küche, so verschwand etwas unter einer Anrichte, die Mali, Moni oder Kathi war barsch und mürrisch, hatte rote Augen, und die Hausfrau meinte mitleidig: ... Sie hat halt wieder einen Kummer. Ihr Josef scheint ein rechter Schlawiner zu sein ...

Aber es war nicht Josef, um den die Mali weinte (den Josef hielt sie schon fest am Band'l), sondern es war Egon Sturmfels, der wackere Kapitän, dem der schurkische Reeder den Tod der Geliebten ins weite einsame Weltmeer melden ließ. Fälschlicherweise natürlich.

Diese Heft'ln haben sich viel herumgetrieben, sie kamen wohl auch manchmal aus der Küche in den Salon, in die Schultasche des höheren Töchterchens mit dem Mozartzopf, in die Hausmeisterwohnung, in den Sonntagsnachmittagsfrieden eines alten Mädchens, zuletzt gebündelt von irgendwem auf den Speicher, wo sie mit anderem Kram der Tandler abholte.

«Ob das noch gekauft wird», fragt man. Der Tandler zieht an seinem Schmurgelpfeifchen: «Mei, des hat ma heut lang liegn! – D'Leut mögn nimmer lesn! Wissen S' scho – Kino und 's Radio – da mag si neambd mehr de Müah macha ... Waar'n schöne Romane, des – sehr spannend ... Aber wer liest heut no was ...!?» Und damit waren Stand und Aussichten der Literatur jenseits von Gut und Böse in schlichter Resignation, aber umfassend dargestellt.

Der Trompeter von Säckingen

Er ist eine Silberbronze aus Gips, Geburtsjahrgang 1885 oder so herum, aus der Blütezeit des deutschen Kunstgewerbes. Er lebt von Liebe und Trompetenblasen und man muß sehr gemütvoll und musikalisch sein, um ihn ein ganzes Leben lang in der Wohnung haben zu können. Der Tandler hat ihn ins beste Licht gerückt. Er steht auf einem kratzbürstigen Zylinderhut und bläst seinen Seelenzustand in die Auer Dult hinaus. Der Zahn der Zeit, Kinderhände oder der Staubwedel einer Putzfrau haben den Trompeter um die Nase gebracht und auch der linke Arm, den er chevaleresk auf den Degen stützt, ist schon einmal angeleimt. Der Staub hat seine silberne Erscheinung mit einer grauen Patina überzogen. Er war einmal das Glanzstück im «schönen Zimmer» der Frau Stabskassier. Hochzeitsgeschenk von der Tante Amalia. Überschattet von einer Palme mit grünlackierten Blechblättern, stand er auf einer an Darmverschlingung leidenden Konsole. Und jeder Besuch, der kam, sagte: «Naa, Frau Stabskassier, da ham S' aber a prachtvolle Figur. Dö werd an schöna Batzn kost ham!»

Und die Tochter, das Fräulein Stabskassier, hat heimlich für den Trompeter geschwärmt. Er war sozusagen der Rabindranath des vorigen Jahrhunderts. Und das Fräuln Fannerl hat sich so einen Mann erträumt: nicht gerade silberbronziert, aber doch so ideal und gefühlvoll und musikalisch und vielleicht pensionsberechtigt – und er mußte ja nicht gerade ein Trompeter sein ...

Bis dann der Sekretär Wieblinger kam, der zwar nicht Trompete blies, aber dafür sehr gut Schafkopf spielte. Das Leben ist halt so. Man schließt Kompromisse. Kannst nix macha! – –

«A schöns Stückl!» sagt der Tandler und dreht den Trompeter auf die ungeleimte Seite. «Dös is no was Alts! Was Guats, Herr!» Es wurde mir schwer, nicht zuzugreifen.

Der «Beiß»

«Aber Anni», sagt die Mama, die was auf gute Erziehung hält, «das tut man doch nicht!» Und Anni, sonst ein braves, folgsames Kind, hebt klagend und anklagend den Lockenkopf empor und sagt: «Wenn's mich halt so beißt!»

Und kratzt schon wieder heimlich an jener Stelle des Rückens, über die Europas übertünchte Höflichkeit schweigt. Es dauert gar nicht lang, da reibt auch die gestrenge Mama am Oberarm einige Male hin und her und wird rot wie ein Schulmädchen, als sie sich von ihrer Anni dabei beobachtet sieht. Und jetzt bleibt sogar der Vater einmal ein paar Schritte zurück, nur um sich nach Herzenslust die Waden zu kratzen.

Alle drei, Vater, Mutter und Kind stellen einmütig fest, daß man sich gar nicht mehr halten könnte vor Jucken. Und finden, ein bißchen abseits, bei einem Vergleich, daß auf ihrer Haut ganz kleine rote «Dipferl» sind.

«Aha!» sagt der Vater, als Familienoberhaupt auch zugleich Wissender und oberster Medizinmann: «Da ham mir an Sendlinger Beiß derwischt! – Da is no koaner dro gstorbn.» Und er meint als besorgter Vorbeugender, da wär's vielleicht am besten, man würde vor dem Heimgehn noch auf dem Keller eine Maß trinken.

Der «Sendlinger Beiß» ist eine altbekannte kleine «Sucht», wie der Münchner sagt, und überfällt den dafür empfänglichen Menschen meist im Hochsommer. Eine Milbenart, die sich im Gras aufhält, ist die Urheberin des Juckens, und sie hat sich vorzugsweise die Sendlinger Fluren dafür ausgesucht. Aber wie sich neun Städte im Altertum darum streiten, die Geburtsstadt Homers zu sein, so machen auch verschiedene Fluren um München auf den «Beiß» Anspruch, und man hat schon vom Föhringer, vom Perlacher, vom Pasinger «Beiß» gehört. Ja, manche Menschen, an deren Juckreiz die Milbe ganz unschuldig ist, behaupten, sie hätten einen Ortsbeiß, wiewohl vielleicht ein biederer, seltener Floh oder sonst ein Tierchen die Ursache ist. Für alles braucht die Milbe auch nicht herzuhalten.

Der «Sendlinger Beiß» freilich ist sozusagen der oberste, der Führer unter den «Beißen», ja er ist sogar wissenschaftlich anerkannt und hat den Begriff «Sendling» in die Lehrbücher der Dermatologen gebracht. Der «Sendlinger Beiß» kann stolz sein, daß er vielleicht von einem kniffligen Professor im hohen Norden dem Examenskandiaten unterbreitet wird: «Herr Kandidat, was wissen Sie vom Sendlinger Beiß?» Wenn dann der Herr Studiosus aus Hamburg, Königsberg oder Emden Bescheid weiß, so kann der Examinator wirklich überzeugt sein, daß der junge Mann sein Gebiet gründlich studiert hat.

Aber nun sei diese Betrachtung auch schnell abgeschlossen; denn bekanntlich genügt es, daß jemand vom «Beiß» redet, und schon müssen sich empfindsame Naturen kratzen. Der freundliche Leser soll es nicht für ungut nehmen, wenn es ihn jetzt irgendwo ein bißchen juckt. – Es ist kein echter «Beiß».

Der Maler in der Au

Draußen in der Au, bei den Herbergen, hat ein Maler seine Staffelei aufgeschlagen. Heiß ist's unter dem blauen Himmel, und es gehört schon eine große Hingabe an die Kunst dazu, an einem solchen Tag bei der Stange, das heißt beim Pinsel zu bleiben. Der Maler hält die erloschene Tabakspfeife im Mundwinkel und wischt zwischen einigen Pinselstrichen immer einmal mit dem Oberarm über die feuchte Stirn. Hinter ihm stehen drei Auer Buben, richtige Quellengaßler, leicht und lüftig angezogen. Sie hocken, auf den Fersen kauernd, wie Buschneger und prüfen genau, ob alles stimmt. Der Maler winkt sich mit krummem Finger den Schorschl her. Er soll ihm im nahen Bräu eine Maß Bier holen. Ein Fünferl schaut dabei heraus. Stolz trollt sich der Beauftragte.

Schneller als sonst ist er wieder mit dem Keferloher zurück. «I hab' an der Schenk scho gsagt, guat eischenka, hab i gsagt, für an Kunstmaler ghörts.» Im Schatten eines Mauervorsprungs wird der Krug geborgen. – Durch das geschenkte Vertrauen mutig gemacht, rücken die drei näher und tauschen nun zwanglos ihre Meinungen aus.

«Des rote da, des werd an Bachhofer eahna Häusl, des kenn i glei. Aber as Plakat hat er vogessn, des wo an der Mauer is. Sie,

Herr, des Soafa-Plakat ham S' vergessn beim Bachhofer-Häusl. Und der Brunna steht scheps. A so paperlgrea san aber Bäum aa net. Blattln kennt ma net dro!» – «Rindviech, der ko do net an des kloane Buid alle Blattln drauf maln.» – «Aha! Jetzt macht er d' Wasch! De hat er guat troffa! Da schaug, s Kinderwagl bringt er aa no drauf. Des Wagl kennt ma ja glei!» – «Aber an der Stiagn hat er a Staffi ausglassn. Acht Staffeln san 's! Und siebn san nur drauf.» – «Siehgst, jetzt taucht er sein Bemsl wieder ins Wasser. I schleckn allweil ab, wenn ma in der Zeichenstund was ofarbln müassn.» – «Da waar er glei hi, wenn der sein Bemsl abschleckat, de Farbn san giftig! Und des is aa koa Wasser net, des is a Öl, wennst was vostehst.»

«Geh, eahm schaug o – du werst as wissn, zum Kartoffisalat brauchst a Öl, aber zum Maln net ... Sie, Herr, is des wahr, daß des a Öl is? – Werat ma da hi, wenn ma den Bemsl abschleckat ...?»

Der Maler will sich Luft machen und setzt dem nächsten einen kleinen roten Fleck auf die Nase. Großes Hallo! – «Buam, geht's z'ruck. Platz brauch i!» sagt der Künstler und droht mit dem Pinsel.

Ein Ehepaar, das zum Keller strebt, zu einer frischen Maß am Spätnachmittag, verhält den Schritt. Er und sie bleiben ein bißchen mißtrauisch, mitleidig, aber doch nicht ganz ohne Hochachtung stehen. Er sagt: «Aha, a Kunstgemälde! I kunnt des net, mi derfast zahln dafür! Muaß halt alles glernt sei!» Sie meint: «In an schöna Rahma sehat's glei was gleich! Beim Obermaier ham s' an so an schöna Rahma im guatn Zimmer hänga. Auf und auf Gold. Hat'n amal von der Versteigerung hoambracht. A Gebirge is drin!»

«Warum er grad de alte Hüttn da malt? – Da gaab's doch schönere Gebäulichkeiten.» – «Werd scho wissen warum. De oan mögens so und de andern so! Is heut aa koa guats G'schäft mehr, des Ölgemälde-Maln. Und bei dera Hitz'!» – «No, wenigstens hat er a Maß Bier da steh! Sunst hätt er mi pfeilgrad derbarmt, der Mo ...»

Ein junges, nettes Fräulein bleibt auch ein bißchen stehen. Sie besichtigt nicht nur das werdende Bild, auch der Maler hat ihre Teilnahme. So bei der Kunst sein ...! Neulich hat sie einen so wun-

derschönen Film gesehen, wo so ein wunderbares Fest in einem
Maleratelier war und die Künstler alle so schnaggerfidel und so
fesch und interessant und überhaupts ... so ein Fest möcht sie gern
einmal mitmachen.

Der Maler packt seine Siebensachen zusammen und setzt sich,
die Leinwand vorsichtig abhaltend, aufs Rad. Er schenkt dem
hübschen Fräulein einen freundlichen Blick. Das ist aber alles.
Das Leben ist doch immer anders.

Vom Münchner Oktoberfest

Im «Wiesen-Hippodrom» merkt man erst, wieviel aktive und
passive Freunde der edlen Reitkunst in München zu Hause sind.
Der Herr Katastersekretär Zeislmaier und der Herr Adjunkt
Briesmüller, der Herr Galanteriewarenhändler Bimslechner und

Herr Versicherungsinspektor Scheiferl, Herren, die sonst ihr Leben lang das Pferd als wildes Tier sich vorsichtig vom Leibe halten, entdecken da ihren Hang zu diesem ritterlichen Geschöpf, ihre Freude am unentwegten Anblick seiner graziösen Bewegung und überhaupt ... Wer sagt, daß sie etwa wegen der Fülle schlanker seidener Beine und dem lieblichen Drum und Dran Hippodromler wären, der lügt und sollte sich schämen, hinter dem Interesse an Sport und Tier solche Unsachlichkeiten zu wittern.

Und wenn der Ausrufer draußen in allen Sprachen der Welt und mit auserlesener mimischer Grandezza sein Unternehmen als den Treffpunkt der Sport- und Lebewelt bezeichnet, so rechnen sich Zeislmaier und Bimslechner natürlich zur Sportwelt. Vielleicht, daß der Adjunkt Briesmüller mit einem Fuß in der Lebewelt steht – aber nix gwiß weiß man nicht. –

Kavaliere spendieren hier ihrer Dame ein Markl, einen Taler, und ganz Noble lassen – berauscht vom Anblick ihrer Schönen – einen Zehnmarkschein draufgehen. – «Xaverl, derf i no amal?» schreit mitten aus der Manege eine kühne Sportlady mit etwas derangiertem Etonkopf und ebensolchen Dessous. Sie darf nochmal.

Aber sei es, daß das edle Vollblut Launen hat oder lassen die reiterlichen Künste der Schönen nach: ihr Sitz wird lockerer und lockerer. Schon fliegt sie wie ein Gummiball auf und nieder – schon klammern sich die Arme um den Pferdehals – ein Ruck – ein frischfröhliches Wiehern und Bäumen, ein markerschütternder Ruf: «Xaverl!» mitten in das verlorene Herz von Heidelberg hinein – die Reiterin hängt wie ein Schlinggewächs am edlen Roß und rankt sich an ihm beinstrampelnd empor. – Hilfsbereite Hände bringen den kleinen reitsportlichen Zwischenfall wieder in Ordnung. – Tausend grinsende Gesichter werden glatt, und – hoch zu Roß sieht die Welt sich freier an – die Schöne sitzt wieder im Sattel. Der echte Sportgeist in ihr kennt kein Nachgeben. – «Xaverl, laß' mi no amal!!» –

Der Xaverl läßt sie noch einmal. Seine Spezl sagen: «Da siehcht ma halt, was dro is an der Anni, dö is guat beinand mit'm Gstell und mit'm Gwand!»

Der Herr Realitätenbesitzer Schwegl mit Frau und Freund sitzt als passionierter Oktoberfest-Pferdefreund ganz vorn an der Rampe. Die kleine Schwarze, Leichtgeschürzte, findet sein mehr als wohlwollendes Interesse. – Er sagt zu den Seinen: «Das is der schönste Gaul, der da! Da is grad a Freud zum Zuaschaugn, wia schö der trappt.» Und die Freude macht seine Augen sichtlich glänzend.

Frau Schwegl ist ohnehin ungern in dieses Etablissement mitgegangen. – Sie «bimst» vor Wut «auf die Flitschna, de wo gar koa Schamgfui mehr ham.» – «Is ja wahr aa! – « I wann a Mannsbuid waar, i sagat ‹Pfui Deifi!›» –

Aber ihre Beschützer und Begleiter sind toleranter. Sie sagen nicht Pfui Deifi. Und als Frau Schwegl meint, die dressierten Hunde möcht sie so gern anschau'n und die Glasbläserei, da sagt Vater Schwegl: «Des pressiert net! De laffa uns net davo mit eahnern gläsern Hirsch!»

Nicht minder reiterlich ritterlich als die Damen sitzt die Herrenwelt zu Pferd.

Der Beppi, gesprochen, José, zeigt seinem Fräulein Braut einmal, wie er sich reiterlich ausnimmt. Er hat sein Jackett über den Stuhl gehängt, damit der neue Pullover zur Geltung kommt,

und damit man sieht, wie er die Gefahr verachtet, raucht er hoch zu Roß eine Zigarette. – So trabt er – ein Colleoni aus Obergiesing – seine zwei Runden ab und wird von der stolzstrahlenden Braut unversehrt an Leib und Seele wieder in Empfang genommen.

«I hab gar net gwußt, José, daß du reitn konnst.»

Er hat es auch nicht gewußt, aber er schweigt und sagt mit einer Handbewegung: «Kunststück! Net reitn wer i könna!» Und wenn jetzt der José Mirza Schaffy gelesen hätte, so würde er mit geschwellter Pulloverbrust seiner Fanni zitieren:

Das höchste Glück der Erde
Liegt auf dem Rücken der Pferde,
Liegt in der Kraft des Leibes
Und in der Schönheit des Weibes ...

«Sie macht sich nix aus der Wiesn»

I sags wia 's is, Frau Zirngibi, aus dera Wiesn mach i mir gar nix. Des is wos für die junga Leut und überhaupts! Gibst an Haufa Geld aus, und mei Alter, der Alisi, hat nachher an Mordstrumm Schiaber, daß er d' Welt nimmer kennt. Jetzt wenn i nausgang, na gehat i nur zweng an Henndl naus. Wissen S', so a Wiesenhenndl gibt's halt doch wo anders net so und schmeckt aa net so! Des ham mir uns allweil selber rausgsuacht, mei Alisi und i. Denn da san ma doch sachverständig. Für a Wiesenhenndl, da gib i ja de halbe Seligkeit her! Kann scho sei, daß mi wegn so an Henndl amal nausreißt, wenn mi grad der Zuafall in de Gegend führt. Und vielleicht an Steckerlfisch dazua. Den iß i aa fürs Lebn gern. Des kann man halt dahoam net herstelln, weil ma net eigricht is dafür. No ja und a Fisch, der muaß schwimma! Na sag i aa net naa, wenn mir a Glusta auf a Wiesenmaß kummt.

Aber sunst gibt mir koa Bude wos ab. Höchstens daß i amal weg'n der Gaudi mit der Achterbahn fahr! Mei, was ham mir vorigs Jahr gschrian, wia's so abi ganga is, aber es war doch a rechte Hetz. Vielleicht daß i mi heuer doch wieder nauftrau. Und zur Hellseherin geh i aa nei, wenn oane drauß is. So wahr i dasteh, Frau Zirngibi: Wia i s letztemal drin war, da hat s' bei aran Herrn bis auf'n Pfennig genau daratn, was er im Geldbeutel ghabt hat. Sagn S' was mögn, es gibt halt doch noch so Sachn, wo Geister im Spiel san. Und in derselben Bude hat si a Herr ganz lange Messer

in Bauch nei gstocha! I hätt koan Tropfa Bluat mehr gebn vor Aufregung, so spannend war des. Wissen S', so was is scho a Zwanzgerl wert. De tätowierte Dame is aa net unintressant. Was dera alles neibrennt ham! Und wo s' überall ihre Wapperl draufklebt hat. Naa – Frau Zirngibi! Da zeigat i nix mehr her! Sie kann ja nix dafür. Als a ganz kloans Madl ham s d' Indianer geraubt und ham ihr nach und nach de ganzn Buidln neitätowiert. Des is a Schmerz für d' Eltern, wenn ma a Kind a so verliern muaß. So Liliputaner schaug i aa gern o und Riesendamen. Da ist ja unseroans a Krischperl dagegn. Da geht ma wieder ganz zfriedn raus. Sonst liegt mir gar nix an dem ganzn Oktoberfest dro! Daß i mir vielleicht no a Kokosnuß kaaf, des kann sei. I selber gang ja überhaupts net naus, aber mir kriagn ja Besuach von drauß rei. Unser Basn aus Hachtlfing. Des hat ma halt allweil von der Sommerfrisch, daß ma na de Leut zum Oktoberfest reikriagt. Na muaß ma doch anstandshalber a zwoa-, drei-, viermal mit auf d' Wiesn nausgeh. Oschaugn kann ma si na aa net lassn, na schaugt ma halt alles o, was zum Sehng gibt. Ma ko na aa net so sei. Aber wenn 's nach mir gang, i reiß mi gar net um d' Wiesn! Heut nachmittag gehts o! Da wer i halt do mit mein Alisi nausschaugn – interessehalber.

Bank-Gespräche im Mai ...

Ort: Englischer Garten.
  Zeit: Nachmittag, fünf Uhr.
  Personen: Zwei ältere Herren, zwei ältere Damen.
  Die Reiter. Schaug s' o! Schaug s' o! Da kemma s' daher, de ganz drapftn. I sag's ja, d' Frau'nzimmer! Sie aa aufs Roß naufhocka! Na an Haxn brecha, na ham sie's! Kennst as a so scho bald nimmer ausananner, obs Manndln oder Weibln san. Hosn ham s' alle o, Stiefi ham s' o, und an eahnera Zwetter hast aa koane Anhaltspunkte, weil s' nix mehr fressn, de damischn Luader, daß nix mehr dro is wia Haut und Boaner. Frühere Zeitn hat halt des was goltn, wenn oane Holz bei der Hüttn ghabt hat, sozusagn a gewisse weibliche Formenschönheit. Des hat si alles aufghört. Aber

frühers, da hat's des halt net gebn, daß a jede Büxlmadam in Englischn Gartn umanandgrittn is in so an Verzug. Hat scho Damen geb'n, de wo grittn san, aber in an richtign Reitkostüm, vastehst, mit Zylinder und so weiter, und de san aa net drobnghockt wie d'Schulbuabn. Aber heut wenn oane zwoamal beim Fuim d' Augndeckel aufgschlagn hat, na muaß s' scho an Gaul ham. Oeha! Waar er Eahna bald auskemma, Freilein. Derheb di nur no, du zsammzupfts Ziefer. Net daß ma di aufklaubn müassn mit dein strohgelbn Schnittlingskopf ... Zeitn san dir des jetzt ...!

Läufer. Was ham s' denn heut, a Wettrennats oder was ... Laffa als wia wann s' zahlt weratn. A lüftigs Gwandl ham s' o, de Burschen! Hat's aa net gebn, wia mir jung warn, des Umanandsausn für nix und wieder nix! Jetzt san s' alle ganz narrisch mit eahnarn Sport und eahnare Gymnastik! Grad renna und kniageln und aufmarsch-marsch. Tuat eahna vielleicht ganz guat, de Bursch'n. Des hättn s' Anno dazumal aa ham kinna. Wia i bei der Acht'n war. Ham S' n scho no kennt, an Oberleutnant Zwengler, i siech n no manchmal laffa mit sein greana Hüatl. Bua, da hat ma den Gymnastik no net kennt, aber gloffa san ma aa wie Gstutzte auf Oberwiesenfeld. Der hat uns rumtriebn, der Zwengler! A so weit war er ja net schlecht, hat oan was gunnt aa wieder. Leute, hat er gsagt, wer sich bei mir belzn will, hat er gsagt, der wird si aber oschaug'n, sagt er. Aber hat si na aa um seine Leut kümmert. De beste Menasch hat's gebn, wenn der Zwengler Küchnschur ghabt hat.
Da hat's halt den Gymnastik no net braucht bei de junga Leut! Jetzt treibn 's d' Weiber aa. Mir is recht. Oschaffa wenn eahna oaner des taat, daß de so rumsausn müassn – des Gschroa möcht i hörn ...

Paare. Jetzt ham s' wieder alle auslassn, de Gschpusi und de Paarln. Wia d' Maikäfer schwirrn s' umanand. Des san aa zwoa, de hättn Taubn net schöner zsammtragn könna. Er oan Meter neunzge und sie geht eahm grad bis zum Schilehtaschl. De genga alle zum Ungererbad nüber. Alle ham s' eahner Badezeug dabei.

De kenna 's net derwartn, bis as Wasser si a bißl ogwarmt hat. Is aa net gsund, des ewige Wassergebritschl. I wenn jetzt in des kalte Wasser gang, drei Wocha hätt i mein Ischias. De wern s' scho aa no spürn, wenn s' amal in de Jahr kumma. Aber da könna sie si halt zoagn, de Weiberleut, mit eahnere Badekostihme. Ham a so fast nix mehr o. Wost hischaugst, überall san heut de Paarln. Kunnt ma gar net gnua aufpassn, wenn ma a Deandl in dem Alter hätt. Ma kann s' nimmer derhaltn. De lassn si nix mehr sagn. San halt vui so norddeutsche Studentn. De verstehnga 's. I kenn s' gleich am Redn. Passen S' amal extra auf, wenn a Paar vorbeigeht. Lauter Fremdsprachn. Und Studentinna gibts aa grad gnua. Neamd da, der aufpaßt. Da finds sie si huraxdax pax bei der Hax. Wern scho recht vui studiern, de Studentinna. Waar a gscheiter, sie lernatn a Rindfleisch siadn und a Stückl Wasch waschn. Aber mei, irgend was müassn s' ofanga mit de Madln. Zum Heiratn kumma s' aa nimmer so hi. Heut überlegt si's a jeder. De wirtschaftlichn Verhältnisse san halt zu schwer heut. Da sagn si de Eltern, wo s' no derkraftn könna, sie lassn eahnern Deandl was lerna, na konns auf'n Mo pfeifa! ... Ham net so unrecht. Was ham s' denn scho, wenn's verheirat san. Glaabn S' des, wenn i wieder auf d' Welt kumm als a Madl, i studier aa, wenn's a bißl langt mit'n Kopf. Ma hat net vui an so an Mannsbuid.

Nokturno

Wenn das Dämmerdunkel des Frühsommerabends allmählich in die Nacht hineinwechselt, dann bekommt der Englische Garten, so hundertjährig er sein mag, wie alle älteren Herren einen starken Hang zur Romantik. Wenn der aufmerksame Leser nicht allzu zoologisch geschult wäre, so könnte man in diesem kleinen Bildchen die Nachtigallen heftig im Gebüsch schluchzen lassen. Aber im niedergehenden München haben die Leute den Glauben an die Nachtigallen verloren.

Hingegen wispert's und flüstert's von allen Bänken am Weg. Zigaretten glühen aus der Dunkelheit. Leuchtkäfer schimmern grünphosphor'n durch schwarzes Laubwerk, und helle Sommerkleider und helle Beine glänzen durch die Nacht, die wahren Irrlichter vor dem suchenden Wandersmann.

Vom See her trägt ein sanfter Wind manchmal ein Stück weicher, verliebter Tanzmelodie durch den Park, über Seufzer und Schwüre, Beteuerung und Bitte, Gelöbnis und Zärtlichkeit. – Nachtwandlerinnen wandeln, ohne somnambul zu sein, die Pfade auf und nieder. Zu zweien und zu dreien und fühlen sich verfolgt von juniheißen Jünglingen in hellen Flanellhosen, Schatten gleiten aneinander vorbei. Wie große indiskrete Augen leuchten von der Straße herüber die Radlerlaternen.

Im «See» spiegeln sich die Lichter der Einkehr und zittert das Widerspiel der bunten Papierlaternen über romantischen Kahnfahrten. Kleine Mädchen sitzen da wie große Herzoginnen im Schiff und lassen sich durch die Nacht schaukeln. Irgendwo singen zwei ein tränenfeuchtes Lied von See und Rosen und Liebe und Tod und fragen die schöne Gärtnersfrau, warum sie weint. Über dem Wasser glitzern die ewigen Sterne, am Ufer ruft jemand in die Nacht hinein: «Obst hergehst, Buzi, Buzi! Du Mistviech, du ausgschaamts ...»

Von der Insel herüber schluchzt eine Flöte. Die Bäume rauschen, und der Schwabinger Kirchturm hebt über die Wipfel mahnend seinen spitzen Finger: vui zvui G'fui!!

Floßfahrt auf der Isar

Eine Floßpartie anzuzetteln ist leicht. Alle tun mit. Jeder ist begeistert. Bis es aber dazu kommt, das ist für den *spiritus rector* ein Geduldspiel von hohen Graden. Am Mittwoch, also am festgesetzten Tag, regnet es natürlich. Am nächsten Samstag ist leider ein Teil verhindert mitzukommen. Am nächsten Dienstag kann der andere Teil nicht dabeisein. Am nächsten Freitag ist in der Früh das Wetter so unbestimmt. Von der dreißigköpfigen Besatzung sind fünf am Bahnhof, die, als um neun Uhr die Sonne herauskommt, alle zeitlichen und ewigen Strafen auf die Zauderer herabwünschen.

Aber eines Tages klappt es doch, und der Großteil der kühnen, Isarpassagiere ist am Bahnhof versammelt. Wer flößt, zieht sich gebirglerisch an. Kühne Jagerhüatln sieht man da und karierte Spenzer, Dirndlkleider und Genagelte.

Auf der grünen Isar! Meist traut man herkömmlichen, sozusagen stehenden sprichwörtlichen Eigenschaften nicht so ganz. Man hat die Isar schon grau und gelb und braun gesehen.

Aber nein. Sie ist an unserm Floßtag wirklich grün, so hell, wie dieser Bergfluß nur immer sein kann, bald mit einem Schimmer ins Türkis, bald mit einem ins Smaragd.

An der Lände in Tölz liegt das Floß, schwer und breit, mit Tannenbäumerl und weißblauen Bändern geziert, festlich geputzt. Eine freudige Aufregung, wie sie Kinder bei einem großen frohen Ereignis erfüllt, hat die Floßfahrer gepackt. Sorglich verwahrt liegen im Vorderteil zwei runde Bierbanzen. Floßknechte, zugleich schneidige Musikanten, rücken an und packen ihre Instrumente aus. Ziehharmonika, große und kleine Trommel, Trompete und Klarinette. Das blitzt im blauen sonnigen Tag wie Gold und Silber in der Luft, und die berglerischen Musikanten sitzen da wie aus einem Leibl-Bild heraus. Sommerfrischler schauen der Abfahrt zu. Der Floßmeister geht ans Ruder. Die Kapelle setzt an. Der schneidige Tölzer Schützenmarsch steigt zur Brücke hinauf, und das Floß mit seiner frohen, farbigen Fracht gleitet in den Fluß. Hundert Hände und Tücher winken, und Juhschrei um Juhschrei fliegt in den Sommertag.

Und Marsch um Marsch und Landler um Landler schmetterte in den strahlenden Tag, so richtig altbayrisch nach Herzenslust jodelte die Klarinette in die Ziehharmonika hinein, und ein G'sang'l ums andere gaben die Flößer zum besten, keinen lieblichen Holdrio-Schmarren, sondern alte, echte, gewachsene, rassige Lieder und G'stanzeln. Dazwischen hinein einen Plattler, zu dem ein Stadterer die Trompete blies, indes der Trompeter dem «Haxenschlag'n» nachkam.

Acht Stunden Floßfahrt bringen einen Heimatwinkel viel näher als hundert Bücher und Geschichten übers Gebirge. Waren aber auch unter den «Passaschieren» nicht wenige, deren Großväter noch an der oberen Isar Haus und Besitz hatten, und man konnte mit den Flößern über gemeinsame Bekannte aus Höfen und Almhütten dischkrieren, sozusagen noch als Zugehöriger.

Wie die Flößer das ungefüge Fahrzeug ohne viel Rederei und Getue wieder flottmachten, als es auf einer Kiesbank aufgefahren war, mit welch einfachen ingeniösen Praktiken, das wäre ein Beispiel für manchen großen Pimperlwichtig gewesen.

Die Landschaft. Das Isartal. Dieses Flußtal ist wie der schönste Traum. Es ist stundenweit einsam wie die Welt am ersten Schöpfungstag. Im weiten Bett strömt der grüne Fluß, vielfältig verzweigt durch das Land. Über den Tannenwäldern am Ufer steht im zitternden Sonnenglast der Auwald. Wundervoll in der Farbtönung klingen Luft und Gras, Gestein und Wald zu herrlichen Bildern. Ein dunkles Wetter baut sich im Süden auf. In das blaue Schwarz des Himmels wachsen gespenstisch weiße Wolkentürme, indes der Norden noch im Lichte liegt. Wie heben sich Mauern und Kirchtürme leuchtend aus dem schieferschwarzen Himmel über den goldgrünen Buchwäldern am Georgenstein. Aus einem einsamen Häus'l am Hang grüßt das Floß ein Jodler wie eine überirdische Schalmei, und in Schmunzeln löst sich der Bann, als die Jodlerin, ein altes Weib'l, zum Vorschein kommt und die Flößer ihr neben der Anerkennung nicht ganz ernstgemeinte Wünsche und Anträge zurufen.

Im grünen Fluß neben dem Floß schimmen und tauchen die braunen Leiber der Badenden, es ist, wie wenn ein guter Zauberer allen Spuk der großen Stadt, der schweren Zeit, der entgötterten Natur mit gütiger Hand aufgelöst hätte in zeitlose, grüne Wasser-, Baum- und Himmelseligkeit.

Im Dämmern gleitet das Floß an der Lände bei Maria Einsiedel ans Land. Es ist, als ob ein schöner Zauber geendet hätte, und Heimweh nach dem glücklichen Tag geht mit uns zu der nächtlichen Stadt, zu den Mauern, mit.

43

Bergnamen

Die Eva-Neugierde ist eine viel lebendigere, aus der Tiefe kommende Geistes-, besser: Gemütseigenschaft als der oberflächliche, hirngebundene Wissensdurst des Mannes. Eine Frau ist neugierig, aber selten wissensdurstig. Das müßte mit Engelszungen allen Männern gepredigt werden, die den Frauen erträglich sein wollen. Eine Frau begnügt sich mit Anschauung, Tatsache, Gegebenheiten, falls sie mit Erfolg eine Hornbrille trägt, mit Erkenntnissen. Der Mann aber ist unglücklich, wenn er dafür keine Namen, keine Etiketten hat. Siehe das Fremdlingsehepaar, das auf dem Aussichtshügel in die Berge schaut.

Die Frau, jung, hübsch und frohgemut, genießt die weite Sicht und sagt, mit einer großen Handbewegung den Horizont umfassend: «Die Alpen! Herrlich!»

Aber er. Er holt aus einer der vielen Mannestaschen eine Karte, breitet sie über eine Banklehne, und nun wandern seine Blicke unablässig von der Karte zum fernen Himmel, vom Himmel zur Karte, und wie ein Bezirksfeldwebel, der Kontrolle abhält, ruft er die Berge auf: «Zugspitze, Herzogstand, Heimgarten, Benediktenwand, Wendelstein ... Halt! Herstellt euch! Hier fehlt mir die Brecherspitze!»

«Dies hier», ein bohrender Stock zielt in die Weite, «dies hier muß sie sein!» Er wendet sich an die junge Frau wie ein strenger Filmkriminalrat: «Siehst du, hier, immer meiner Stockspitze nach, dieser kleine Kegel, eigentlich besser diese Kuppe, ja – hier links von dem roten Dach, halbrechts von der hohen Tanne, so sieh' doch in die Richtung, die ich zeige ... Das ist sie! Hast du sie?»

Die Frau sagt ja. Um des Friedens willen.

Dieses kleinlaute, unsichere, zögernde Ja erbittert den Mann. Diese Schülerin, Annemarie Schulze, war unaufmerksam.

«Du siehst ja gar nicht in die rechte Richtung! Also stell' dich mal bitte dicht hinter mich und dann visiere genau an der Tanne halbrechts vorbei.»

Die Frau sagt: «Ja, natürlich! *Jetzt* seh' ich's ganz genau!» Und legt in ihre Stimme die ganze Beglücktheit um das Wissen, daß dieser Kegel Brecherspitze heißt.

Ein anderer Mann, dem Paar benachbart, kann aber nun nicht länger an sich halten. Er sagt zu dem einen Mann: «Verzeihen Sie, mein Herr, irren Sie sich nicht? Das dürfte nach meiner Karte nicht die Brecherspitze, sondern der Jägerkamp sein ...»

Brecherspitze? Jägerkamp? Jägerkamp? Brecherspitze! Die beiden Herren haben ganz rote Köpfe. Sie sind noch höflich und verbindlich, aber in ihren Blicken ist das Glitzern von Tigeraugen, wenn's um den Knochen geht. Jeder hält den andern für ein Kamel, einen Zwei-, Vier- oder Vielhufer, einen Ignoranten, einen lächerlichen Fatzke. Man trennt sich ohne Gruß. Unangenehmer Mensch!

Zwei Stunden nachher, zwischen Suppe und Fleisch, wird die Karte aufgeschlagen, und der Mann sagt zur Frau: «Und es war doch die Brecherspitze! Dieser Einfaltspinsel quasselt da vom Jägerkamp!» Und abends vor dem Schlafengehen wird der Wirt nochmal gefragt: «Hören Sie, dieser Kegel, eigentlich mehr eine Kuppe, die man da sieht, vom ‹Schönen Blick› aus direkt in der Mitte, das ist doch ...»

Als Einheimischer, Eingeborener, Landeszugehöriger, oder wie ma da sagen mag, hat man die Verpflichtung, alle Bergspitzen, Schlösser, Ruinen, Bäche, Tümpel, Teiche, Schluchten genau mit Namen zu kennen. Weiß man sie – gut! Wir teilen dann aus unserm Wissensschatz das richtig aus. Weiß man's nicht, so wird man die erstaunt-empörte Frage hören: Was – *Sie* als Oberbayer wissen nicht?

Deshalb lege man sich für die Freunde aus der Fremde einige Dutzend wohlklingende älplerische Benennungen zurecht, die man nach Wahl verteilt. Das hier? Das ist der Gamskogl! und da drüben? – der Scharfe Turm! Und hier diese Gebirgskette? – Das sind die Karer Wände. Der Bach? Der heißt Braxenbach. Die Burg da? Das ist Rabenstein. Und dort drüben? Das ist Schloß Fichteneck. Der See da? Der heißt Koppensee.

Diese schnellen, präzisen Antworten bewahren uns davor, Rede und Antwort zu stehen, warum man die Heimat nicht besser kennt, sie beglücken den Frager mit Wissen und er vergißt sie ebenso rasch wie die richtigen Namen. Wir haben deswegen keinen Stein an dem falschen «Gamskogl» gelockert, keine Schindel von Burg «Rabenstein» genommen, kein Wässerchen im «Koppensee» getrübt.

In Tirol erzählt uns beim Roten ein alter, pfiffiger Innsbrucker das Folgende: In seiner Jugend sei eine Geographen-Kommission aus Norddeutschland dagewesen. Die Leute hätten für ein Kartenwerk Vermessungen und Feststellungen gemacht.

Als die Karten erschienen, war darauf ein allen Tirolern unbekannter Berg verzeichnet: Der «Van-Peter-Schrofen». Hierob allgemeines Kopfschütteln. Aber gleich war das Rätsel gelöst. Wie heißt dieser Berg? frugen damals die Fremdlinge die Bauern. «Wampeter Schrof'n» sagten die Tiroler und daraus hörten die Nordländer: Van-Peter-Schrofen.

Man sieht: Nicht einmal auf Gipfelkarten ist ein unbedingter Verlaß. Und wenn darum der Mann, Brust und Hackelstock erhoben, mit den Namen auf die Berge zielt, dann soll die Frau schnell und sicher seine Kenntnis bewundern. Im stillen hat auch sie eine Erfahrung: Daß aus manchem Van-Peter-Schrofen ein Wampeter Schrofen wird.

Vom Bahn-Hunger

Woher kommt es, daß alle Menschen im Eisenbahnzug, kaum daß die Räder rollen, heißhungrig werden? Noch hat der letzte Wagen die Bahnhofhalle nicht verlassen, da stürzt die Frau mir gegenüber, wie der Tiger auf das Kalb, auf ihren Handkoffer, reißt ihm den Bauch auf und wühlt in seinen Eingeweiden. Erbarmungslos wird dem Mitreisenden Einblick in die Intimitäten des Nachtlagers geboten. Flanellärmel baumeln über den Kofferrand, Haarbürste und Kamm quellen zwischen zermanschten Äpfeln aus der Tiefe, und da angeln die Finger auch schon ein halbzerquetschtes Ei und eine noch leidlich erhaltene Buttersemmel aus der Tiefe.

Aufatmend, wie vom Tode des Verschmachtens eben noch gerettet, macht sich's die Frau in der Ecke bequem und schindet dem Ei die zerdrückte Schale ab. Dann aber, jäh vom Geist erleuchtet, kramt sie wiederum im Koffer nach einem Tütchen Salz, und als

auch das, gereinigt von Sicherheitsnadeln und Wollwuzerln, gebrauchsfertig ist, hebt das Tafeln an. Das Ei wird mit equilibristischer Geschicklichkeit im Mund verstaut.

Nichts wirkt so ansteckend als Essen im Zug. Leute, die den Magen noch knuppelvoll vom Frühstück oder Mittagessen haben, erinnern sich angesichts der speisenden Frau sofort an ihr Wurstbrot, an ihre Käsestulle, an ihre Schokoladentafeln im Koffer, an Thermosflaschen mit Kaffee und Tee, an Äpfel und Schmalznudeln, und nach wenigen Minuten rascheln überall Papiere, bröseln Semmeln, riechen Orangen, schweben Wursthäute zu Boden.

In der Bahn wird nämlich das Essen nicht gegen den Hunger, sondern gegen die Langweile ausgeübt, und es gibt Leute, deren reger Geist über den Kofferproviant hinaus noch an jeder Haltestation zwei Paar Wienerwürst'l fordert, um beschäftigt zu sein.

Erinnerungen

Ort: Sonnige Bank vor dem Spital.
Zeit: Vor Kirchweih.
Personen: Zwei alte Herren.

«Aber a so san s' de Leut! De moanatn ja, sie kunntn nimmer sei ohne Gans auf Kirchweih. Koa Sparn, koa Zsammhaltn mehr vom Gerschtl.»

«Macht mir gor nix aus, daß i jetzt koane mehr kriag. I kunnt s' a so net derbeißn. Na hat ma aa nix davo.» «Und na is allweil no a Glückssach. Legst an Haufa Geld hi und kriagst na an rechtn zaach'n Teifi. D' Leut verstehngn ja heut nix mehr von Gäns. Wo solltn sie's denn herham, de Madln, wo heut heiratn, ham ja nix mehr im Kopf wia eahnane Tolettn und 's Motorradl.»

«Ham S' n scho no kennt, den altn Scheggl, no den Expediter, auf Nummro zwölf, vorig's Jahr hat er zsammpackt, der hat was von Gäns verstandn! So oan werd's weit und breit nimmer gebn, sei Vater is ja a Ganshandler g'wen, in der altn Entenbachstraß ham s' eahna Anwesn ghabt. Is scho lang weggrissn. Aber der is scho als Bua mit de Gäns aufgwachsn. Schad, daß' n studiern ham lassn, aber der Ehrgeiz halt, der Ehrgeiz. Mei Rosina selig hat aa was verstandn davo, aber gega' n Scheggl hat s' net histeh könna. Mir san mit eahm allweil auf'n Markt ganga an Kirchweih. Raus kennt hat er s' auf'n erstn Griff, de wo mit Körndln gfuattert warn. Warn net vui da. An an Bach müassn s' aufgwachsn sei, hat er gsagt, und am besten san s' von de Müllna, weil s' da Körndln gnua kriagn. Dem hot koa Handlerin was vorbleamin könna! So a siebnpfündige ham mir allweil kaaft, bei der Frau Schleibinger, de ham s' selber zogn. Lebt aa scho lang nimma! Hat vui Verdruß mit de Kinder ghabt. A Tochter is mit an Kunstmaler verheirat. Dös war a reelle Gschäftsfrau, d' Schleibingerin, aber an Scheggl hat's doch gschiecha. Bringa S' mir nur net allweil den daher, sagt s' zu meiner Rosina selig. Für den derfatn Gansln vier Schlegl hom.»

«Er, der Expediter, hat si allweil nur a Gansjung kaaft. A Junggsell und jedn Pfenning an sei Briafmarknsammlung hi-

ghängt. Hat halt jeder seine Ideale. Sei Jungs hat er si selber hergricht. A solche Soß wern S' no kaam kriagt ham. Er hat si selber
kocht, wissen S'. Des mögn ja d' Hausfrau net gern. Bei der
Hacklin hat er gwohnt. Aber sie hat aa nix sagn mögn, weil er ihr
an Teller von der Soß gebn hat, und sie hat oft gsagt: «I sag's, wia's
is, i bring s' net so zsamm, das Gansjung. An dem is a Koch ver-
lorn ganga, am Scheggl, der hätt in de größtn Hoteller sei könna!
Mei Rosina selig hat eahm allweil a paar Küachl nüberg'schickt,
aus Gfälligkeit, weil er uns de Gans verratn hat. Mir hättn
eahm ja ganz gern was von der Gans aa gebn, aber wissen S' ja selber, was an ana Gans dro is – da ko ma net lang mitm Verteiln
ofanga.»

(In Erinnerung verklärt): «... an an Bach solltn s' halt aufgwachsn sei und mit Körndln gfuattert ...»

Betrachtung an Kirchweih

Wir Kinder des zwanzigsten Jahrhunderts mögen uns noch so
sehr mit Kultur, Ästhetik und Geistigkeit aller Art behängen, bisweilen kommt doch der alte Adam Mensch zum Vorschein, so wie
er vor Tausenden Jahren lebte und genoß, als Buch, Rundfunk,
Theater und andere Schulen der Weisheit noch unbekannt waren,
da man Erhebung, Feier und Freude schlicht und geradlinig mit
Schmaus und Gelage identifizierte.

Daß auch in der Geistigkeit von heute die Lust und Liebe zum
guten Essen und Trinken stark durch den Firnis kommt, beweisen
die Festbankette bei allen kulturellen Anlässen, bei Dichters Geburtstag, Gründung von Akademien, Museen, bei Jubiläen aus
Wissenschaft und Kunst, nicht zuletzt bei staatspolitischen Kon-
gressen und Gedenktagen.

Woher nämlich die Präsidenten, Bürgermeister, Vorsitzenden,
Ehrengäste und Deputierten die Kraft zu superlativen Worten,
das Feuer zu flammenden Wünschen, wenn nicht im Nebenraum
verheißungsvoll das Geschirr klapperte, ein lockender Duft von
Gesottenem und Gebratenem wie ein guter Geist über den Was-
sern der Rede schwebte?

Nicht wenige Festteilnehmer sind über das Werk eines Jubilars viel schlechter orientiert als über die Speisenfolge beim Festbankett. Ja, es soll besonders genießerische Geistesgourmands geben, die ein resches Spanferkel für viel genußreicher ansehen als den Gefeierten, dem zu Ehren es verzehrt wird. Hier begegnet sich der wilde Kannibale von der Südsee-Insel mit prominenten Trägern geistiger Werte.

Der «kleine Mann», der «Ungeistige», freilich braucht keine künstlerische oder kulturelle Erhebung als Vorwand, um gut zu essen. Ihm ist gutes Essen Feier genug. Da ist der Sparverein «Letzter Heller», der zu dem ausgesprochenen Zweck spart, an Kirchweih ein großes Gansessen zu veranstalten, da ist der Kegelklub «Zum Saunagel», der sich sogar ein eigenes Schweinchen für den großen Schmausfeiertag richten läßt, da ist vor allem der fröhliche Landmann, dem Kirchweih feuerrot im Kalender steht, der an diesem Tage ganz hingegeben an die Gaben der Erde ist.

Wenn der Zachäus, die Kirchweihfahne, vom Turme weht, dann widerhallt das kleinste Dorf vom Anzapfen großer und kleiner Bierbanzen, dann riecht's aus jedem Hausflur nach schweinernem Brat'l, nach Schmalzkücheln und Krapfen. Verzweifelt schreit hinter der Schupfe die Gans in banger Kirchweih-Ahnung vor den zugreifenden Händen. Abends zittert der Tanzboden unter der wuchtigen Rhythmik der Eingeborenen, wird nicht selten zur Walstatt heldischen Geschehens, wenn, durch ein starkes Kirtabier angeregt, seelische Verstimmungen sich am Schädel eines Nebenbuhlers oder Ortsfremden abreagieren.

Aber auch der Städter, sofern ihm nicht als «Zuagroastem» die Landessitten fremd sind, feiert den Tag durch ausgiebiges Versenken in Viktualien.

Am Markt türmen sich am Samstag die Gänse, die traditionellen Kirchweihschmankerl. Hausfrauen und Hausväter suchen mit prüfender Hand und geschultem Blick den fettesten und zartesten Vogel. Freilich werden sie bei zu langer und zögernder Wahl von den Ganshandlerinnen manchmal mit tausend Worten Bayerisch beehrt, die nicht alle im Wörterbuch stehen; denn auch die Herzensgüte der Marktfrauen hat ihre Grenze. Von: «Gnä Frau, was hätt ma denn gern?» bis zu: «Zsammzupfte Schmis'lmadam» ist bisweilen kein allzulanger Weg.

Der Münchner hat für reale Genüsse ein ausgebildetes Verständnis. Ihm, dem Sohn oder Enkel bäuerlicher Vorfahren, ist Kirchweih immer noch – trotz aller Großstadt – eine schöne und wichtige Angelegenheit. Wenn mittags die Gans in ihrem Fett brutzelt, die Schmalzkücheln duften, dann fühlt er sich in diesen notverordneten Zeiten doch wieder für einen Tag lang auf einer Insel der Glücklichen und sagt sich frei nach Ulrich v. Hutten: «Es ist eine Lust zu leben, denn die (Kirchweih-)Geister sind wach.»

Das Gansviertel

Eigentlich wollte man das Gansviertel zum Abendessen aufheben. Aber dann war der Sonntagnachmittag so schön, und da sagte der Vater Zaglauer nach dem Mittagsschlummer zu den Seinen: «D' Sonn muaß ma ausnutzn! De schönen Tag wern rar. Packts das Stückl von der Gans ei. Heut tuat oan d'Luft grad guat. Wenn ma na eikehrn, ham ma glei was zum Zuaklaubn –. D' Natur is nia so wunderbar wia im Herbst. De Farbnpracht jetzt is unbeschreiblich. Tua's aber in a guats Pergamentpapier nei, wo d' Fettn net durchlaßt.»

Die zwei Kinder, das Fannerl und der Maxl, werden von der Mutter geschruppt und in ihr Sonntagsanzügerl eingekleidet. Der Bappi läßt das Krawatt'l in den Kragenknopf hineinschnalzen, und seine Gattin nimmt den guten Schirm aus dem Kasten. «San ma's? – Na gehn ma!»

So gegen fünf Uhr bricht Vater Zaglauer die Wanderung ab. Er sagt: «Jetzt ham ma gnua von der Natur ghabt.» Er hält mit den Seinen aufatmend vor dem Gasthaus zur Post in Haglhofen, wie ein Pilger, der Mekka erreicht hat. Man läßt sich in der Wirtsstube nieder.

An ihrem Tisch sitzt noch ein einsamer Gast, der freundlich den Gruß erwidert und gleich eine zutreffende Wetterdiagnose ausgibt: «Des san gschenkte Tageln», sagt er und sticht mit seinem Stilett den letzten Rest Preßsack vom Teller: «De dünne Luft hungert oan aus. Wenn S' da in der Wirtschaft was essen wolln: nur den hausgmachtn Preßsack. Des is an Wirt sei Spezialität. Kriagn S' nirgends so.»

Die Frau Zaglauer legt ihre Hände schützend, als ob sie den Goldschatz der Reichsbank zu wahren hätte, um ihre umfangreiche Handtasche und sagt mit verschämtem Stolz: «Mir ham selber was dabei. A Stückl Gans!»

«Ah so!» Der Tischgenosse schweigt achtungsvoll und anerkennend. Frau Zaglauer packt das Ganserl aus. Der Bappi zieht das Papier mit dem knusprigen Viertel zu sich hinüber. Maxl und Fanni spielen mit dem Salz- und Pfefferbüchsl Eisenbahn, und als der Maxl das Senfhaferl noch an den Zug rangieren will, kippt es um.

Die Mutter Zaglauer schaufelt zürnend mit dem Löffelchen den Senf zurück und sagt: «G'rad nix wia ärgern muaßt di mit de Bams'n.»

Der Vater Zaglauer, sonst ein strenger Erzieher, ist schon durch das Gansviertel seelisch so in Anspruch genommen, daß er seine pädagogische Mission bei einem scharfen Blick bewenden läßt. Der Tischgenosse meint: «San halt Kinder.»

«Ja, Kinder!» sagt die Mutter Zaglauer. «So lang s' kloa san, tretn s' oan auf d' Füaß, und wenn s' groß san, aufs Herz!» Sie richtet das Senfhaferl wieder zurecht.

Dann gibt sie ihren Kindern dicke Butterbrote. Der Bappi ist daran, kunstgerecht das Viertel zu verteilen. Dann trennt er ein Stück Papier ab und schiebt seiner Gemahlin ein Stück von dem Braten zu. Erst hat er schon das Schlegerl auf dem Altar der Familie opfern wollen, aber es kostete der Mutter Zaglauer geringe Überredungskunst, ihn in diesem Entschluß wankend zu machen. Sie teilt das Reststück unter sich und die Kinder. Aber die Kinder stochern in dem kostbaren Fleisch ohne übermäßige Begeisterung herum, bis der Vater die Gottesgabe energisch an sich nimmt.

«De Kinder», sagt er, «wissen net, was guat is. De fressatn 's nur so aus Zeitvertreib. Überhaupt is a Fleisch gar net guat dafür. Da kriagn s' a sauers Bluat.» – Er nimmt das saure Bluat zu allen Familienlasten auch noch auf sich. Der Tischgenosse hat vom Auswickeln an die Manipulation an dem Gansviertel mit größter Teilnahme verfolgt! Er nimmt eine Brille aus dem Futteral, um seine Sinne zu schärfen. Dann sagt er anerkennend: «De is richtig durchbratn, Frau, a kernigs Fleisch, a schöne Krustn und recht hell. – So san s' guat.» Dann nimmt er das Augenglas wieder ab und gibt wie ein ernstes amtliches Gutachten den Befund. «A so a acht – neun Pfündl hat de ghabt. Da san S' net ausgschmiert worn.»

Das findet Vater Zaglauer auch. Nachdem das Fleisch weg ist, fieselt er die Knochen so blank und sauber, als wenn sie monatelang in einem Ameisenhaufen gelegen wären. Die Kinder vergnügen sich indessen im Hausflur, indem sie von Bierbanzen zu Bierbanzen hüpfen und dann den Gutl-Automaten untersuchen.

Sie betteln die Mammi um ein Zehnerl an. Aber sie sagt: «Nix da! Da hat jeds a Laugnbretzn!» Und der Vater meint, am letzten Knöcherl nagend: «Wo kummat ma da hi, Kinder müassn si was versag'n kinna!»

Die Mutter Zaglauer hat ihr Stück, nachdem sie ein Bröckerl abgeschnitten hat, wieder eingewickelt. «I hab leicht gnua! Tua's nur du essn, Bappi.»

Aber Vater Zaglauer bleibt fest: «Waar no schöner! Des is g'rad no was für di, auf d' Nacht, Rosina, waar scho guat, wennst du leer ausgangst!»

«Da ham S' no a schöne Mahlzeit, Frau», sagt der Tischgenosse.

Die Mammi verstaut das kleingewordene Paketchen in der Handtasche und schnabuliert eine Semmel, hin und wieder mit einer Prise Salz gewürzt.

Vater Zaglauer sagt: «Richtig o'essn sollt ma si halt an ara Gans könna. So a schöns Trumm auf oan Sitz!»

«Geh», sagt seine Frau, «wern ma s' jetzt rumschleppn! De essn ma jetzt zsamm – na is weg.»

Der Vater, ein bißchen verlegen: «I sag net naa! Auf a kloans Stückl laß i mi ei!» Und er schneidet die Hälfte vom Gansrestl ab.

Zaglauer ist kein zaghafter Esser. Er ist fertig, als die Mammi eben die ersten Stückchen kunstvoll auf ihrer halben Semmel verteilt.

Sie schneidet ihren Rest nochmal in zwei Teile und schiebt ihrem Gatten die eine Hälfte über den Tisch: «Is ja recht, wenn's dir schmeckt! I hab ja no gnua auf der Semmi!»

Vater Zaglauer zerlegt mit drei festen Schnitten sein Restchen, und ehe die Mammi mit ihrer halben Semmel fertig ist, putzt er das Messer am Papier und sagt: «So, des war jetzt a schöne Brotzeit!»

Soll eine Frau mit Appetit schmausen, indes ihr Mann vor leerer Tafel sitzt und traumverloren, schwärmerisch auf die Knöchlein des Mahles blickt? So kalt ist keines Weibes Herz. Sie reicht ihm das letzte Stück hinüber und sagt: «Raam auf mit dem Bröckerl, daß guat Wetter werd!»

Kann ein Mann gegen solche Eindringlichkeit hart sein? Er nimmt das Opfer auf sich und sagt: «No, so tua's her in Gottsnam.

Is net der Müah wert, daß ma's no rumziagt!» – und er macht reinen Tisch.

Mutter Zaglauer schaut im Hausflur nach ihren Sprößlingen und spendiert am Automaten doch ein Zehnerl für die Minzenkugeln. Dann nimmt sie aus ihrer Tasche ein römisches Weckerl und verzehrt es an der Sonnseite des Gasthofs, weil sie schließlich auch ein bißl Appetit nach dem Spaziergang hat.

«Sehng S'», sagt in der Stube Vater Zaglauer zu dem Tischgenossen, und das Ganserl gibt seinen Worten noch einen leisen, aromatischen Nachhall, «hat scho was für sich, as Familienlebn, wenn oan aa Kinder manchmal Verdruß macha! Ma teilt halt Leid und Freud' miteinander. – Hat ma amal a guats Bröckerl, ham alle ihr Freud dro, und des freut oan na als Familienvater aa! Eiteiln muaß ma's halt!

Sehng S', i selber brauchat in de schlechtn Zeitn koa Gans. I kunnt's gratn. Aber seine Leut möcht ma halt doch manchmal was zuakumma lassn. Seit 'n Fruahjahr liegt mir mei Frau in de Ohrn wegn so ara Gans. Gibt ma halt amal nach! Hat sunst aa net vui, de Frau.»

Der Tischgenosse nickt voll Weisheit und Güte: «Da ham S' recht», sagt er, «manchmal muaß ma so an Glustn von de Weiberleut nachgebn.»

Ameisen

«'s Gras is no naß, der Bodn is no net derwärmt, d'Ameisn fressn di zsamm!»

Dies alles, was Vater Rambögl gegen einen Mittagsschlummer im Freien vorbringt, verfliegt wie Spreu im Wind. Frau Rosina Rambögl, die in vielen Ehejahren den Hang zum Romantischen so oft verdrängen mußte, setzt ihren Willen durch. Also sucht man sich halt am Amper-Ufer ein Platzl aus. Herr Rambögl stochert mit dem Spazierstock mißmutig in der Wiese herum. Er sagt: «In a halbn Stund waarn ma beim Bruckbräu. Is a schattiger Garten, a Andechser Bier, guat ghaltn. Na derfst di herflagga wia Zigeiner!»

Mutter Rambögl breitet schon die zwei Lodenmäntel auf dem Rasen aus und nimmt – um ihren Gatten mit dem Busen der Natur zu versöhnen – aus dem Rucksack ein paar Brote mit Geräuchertem.

Herr Rambögl läßt sich ächzend und knurrend nieder, denn dieses ungewohnte Lagern veranlaßt seine Gliedmaßen zu seltsamen und beschwerlichen Maßnahmen. Frau Rambögl ruht schon, hingegossen im kühnen Schwung ihrer Hüfte. Sie bewundert die Landschaft. «Die Aussicht is scho großartig. Alles so schön grün. Und de Ruah. Und de Wiesn – den wunderbaren Gruch, wo's ham. Hör nur grad, wia d'Vögel singa!»

«I hör koa», sagt Rambögl. Er ist mit dem Ripperlbrot beschäftigt. «Allweil zvui Salpeter tean s' hi! Mit Kranewittbeerln ghörat's gwürzt.» Er blickt mißgelaunt und kühlen Herzens in die Landschaft. «I bin koa Naturfeind – aber so am Bodn hisetzn ...!»

Rambögl hat für die Natur eine wohlwollende Neutralität. Man kann sagen: Sympathie. Aber es muß die Kirche beim Dorf bleiben. Dieses Lagern im Freien paßt ihm nicht.

Mutter Rambögl reicht ihm ein Blümchen hinüber und fragt, wie es heißt. Er betrachtet es mißtrauisch. «Werd scho so a Gwachs sei!» Eine Erklärung, die auch Frau Raumbögl kaum zufriedenstellen kann.

Sie gibt es auf, ihren Gatten zur Sinnigkeit anzuregen, wendet sich ab und summt ihr Lieblingslied vor sich hin: «Waarum weinst du, schöne Gärtnersfrau, weinst du um der Veilchen tiefes Blau ...» Dann ist sie sanft entschlummert und auch Vater Rambögl dämmert hinüber. Der Tag war heiß. Ganz fern im Wald schlägt ein Kuckuck. In den Schlaf von Herrn Rambögl klingt es, wie wenn im Bruckbräu frisch angezapft würde.

Sie erwachen. Frau Rambögl einige Augenblicke später als ihr Gemahl. Sie hört laute und heftige Worte, beschwörend, verwünschend, ergrimmt, anklagend. «Bluatsameisn, bluatige, Hundsviecher dappate, gscherte.»

Herr Rambögl ist beschäftigt, mit beiden Händen jene Partien seines Rückens zu erreichen, die nur einem Rastelli zugänglich sind.

«Bissn ham s' mi! I hob's glei gsagt. Grad zwoa Handbroat unterm Gnack, brenna tuat's zum hiwern!»

«Da gibt's nix Besseres als a frische Erdn drauf», sagt Mutter Rambögl und schiebt ihrem Mann auch gleich eine Handvoll heimatlicher Scholle zwischen Hemd und Rücken. Aber die Scholle rutscht talwärts und das Brennen hört nicht auf. «Jetzt ham ma an Dreck im Schachterl», sagt Vater Rambögl. «Da laffa s', de Bestien», ruft er grimmig und weist auf das Ameisengewimmel.

«An Salmiak sollt ma halt ham», meint kleinlaut die Gattin. «Salmiak – Salmiak», echot Rambögl. «Sag glei, daß ma d' Sanitätskolonne dabei ham solln! I hab's glei gsagt, daß uns d'Ameisn fressn.»

Jetzt wendet sich das Erbarmen der Gemahlin in Erbitterung. «Nix hast gsagt und überhaupts müassn de grad herkumma sei! De warn vorher gar net da! Tua nur net gar so schiali! Mei! De Mannsbuider wenn was fehlt, des is ja glei ganz aus! Was tat's ihr erscht sagn, wenns Kinder auf d'Welt bringa müassats! – – Mi hat überhaupts gar koane biss'n!» – «De wern scho wissn warum», sagt voll Rachsucht der Gatte Rambögl.

Mutter Rambögl läßt nicht gern jemand das letzte Wort: «Des san vielleicht gar koane Ameisn gwesn. Vielleicht buidst dir des Brenna nur ei. I siech koa Fleckl an dein Buckl.»

Der Aufbruch vom Lager geschieht in Eile und Schweigen. Es ist jenes dumpfe Schweigen, das unter dem starken Druck der Atmosphären vor dem Gewitter über der Landschaft liegt.

Man wandert fürbaß. Rosina Rambögl kann es nicht länger mit ansehen, wie ihr Mann vergebliche Versuche macht, die beiden Schulterblätter zu erreichen. Sie hat ein gutes Herz und reibt ihm das Weh energisch ab.

«Nix scheuch i so wia d'Ameisn! Waarn ma dahoam bliebn, waarn ma nachmittags nach Holzapfelkreut naus. Is aa a guate Luft, hättn uns was guats gunnt, unsern Grüawign ghabt.»

Die Frau: «I hab überhaupts net fortwolln! Du hast do gredt von ara Landpartie!»

Er: «So, i bin's wieder gwesn.» Der Vater Rambögl schweigt. Er ist ein Kenner der Frauenseele.

Im Bruckbräu trifft man Herrn Erpfbacher. Begrüßung, Befragen nach dem Befinden, nach Woher und Wohin. Rambögl erzählt seine Schicksale und Abenteuer. «... zsammgfressn ham s' mi!»

«Is aber no hübsch was überbliebn», sagt der Freund Erpfbacher und klopft Rambögl auf die runde Weste.

Rambögls Schmerz hat sich gelegt. Er lacht. Unter schattigen Kastanien, kühl, geborgen und vor Durst bewahrt, werden alle guten Regungen wach. Dafür ist in Frau Rambögl ein Stachel geblieben, der sticht und sticht und je versöhnter ihr Gatte mit sich und der Natur wird, desto mehr verdüstert sich ihr empfindsames Gemüt, und als Rambögl noch einmal die Bluatsameisen aufmarschieren läßt, da bricht bei Frau Rosina Haltung und Fassung und sie kann die Tränen hinter dem angesetzten Maßkrug nicht mehr verbergen. Sie schluchzt.

Herr Erpfbacher ist ein Mann von Ritterlichkeit und Gefühl. Er sagt: «Soll er doch froh sei, Eahna Mo. Es gibt nix Besseres gegn Rheimatis! A jeder Doktor kann's Eahna bestätign. An Kassier Rimhofer, kenna S' n scho, den hat sei Ischias so plagt, – der hat wochenlang an Platz mit recht vui Ameisn gsucht. Glaabn S', er hätt oan gfundn? So is im Lebn! Dem oan fehlt der Wein und dem andern as Glas!»

Rambögl klopft seine Rosina versöhnlich. Er sagt: «San man ja scho wieder beinand! Mir is gar net so wegn de Ameisn, nur des Hisetzn ins Gras ...»

Und Frau Rosina schluckt und wischt sich eine letzte Träne vom Aug.

«Fräulein, meiner Frau bringn S' drei Regensburger in Essig und Öl, aber vui Zwiefi dro!» –

In der Bahn bei der abendlichen Heimfahrt sitzen sie schon ganz im Frieden und Glück nebeneinander. «A so a schöner Tag is gwesn. Ewig schad, wenn da d'Leut net nausgehn mögn ...» Rambögl dampft dicke Wolken aus seinem Kloben: «Gehst naus in d'Natur, siehst was, hast was davo, a jeds Bleami, a jeds Viecherl freut di.»

Er scheuert ganz heimlich den Rücken an der Banklehne. Und sagt: «I glaab, es sann vielleicht doch koane Ameisn gwesn.»

Darauf Sie: «Es warn scho oa! Schaug nur grad, wia schö d'Sonn untergeht.»

Eine gekränkte Leberwurstgeschichte

Die Leberwurst war mit der Blutwurst verheiratet. – Es hieß allgemein: ein Bund der Liebe. Nur die kleine, dicke, ordinäre Selchwurst behauptete: «Liebe?! Daß i net lach! Diese Zwiderwurzn, diese dürre Leberwurst und der dicke Blunzen! Dieses kaprizierte gschmerzte Frauenzimmer! Mei – mich dauert nur der arme gute Mann, die Blutwurst! Eine solche Partie! Auf und auf, durch und durch voll Speck! Und *sie?* Nix als a fads Gsicht!» – Wie halt ordinäre Selchwürste reden.

Die Blutwurst hatte die Leberwurst lieb. «Blunzen», so hieß der Ehemann in zärtlicher Abkürzung für Blutwurst – so wie man einen Johannes Hans nennt – Blunzen vergötterte seine Leberwurst, Blunzen war dick, rund, vollblütig, ein wenig schwerfälliger Sanguiniker, alter, guter Wurstschlag – ein bißchen ungeistig – aber dafür – wie sagte die Dickgeselchte? Durch und durch voll Speck! Das gilt in der Wurstwelt mehr als Geist.

Die Leberwurst aber – du lieber Gott – sie war aus der allerfeinsten Wurstfamilie – Leber! Ich bitte Sie! Höchstes Beamtenbraat! Die Leberwurst war durchaus schlank, geistig-ätherisch, hatte als Pensionsmädchen sich aus unglücklicher Schwärmerei zu Marlitt mit geschabtem Kümmel vergiften wollen. – Jetzt hielt sie's natürlich mit Rabindranath Tagore, der Marlitt des zwanzigsten Jahrhunderts, und als sie schon nach den ersten Wochen spürte, daß ihr Blunzen eine ganz irdische Natur war, banal, speckig, spießig – daß dieser Wurst alles, auch das Höhere, wurst war –, da wurde die junge Frau Leberwurst tief unglücklich.

Schmiegte sich der dicke Gatte in plumper Zärtlichkeit an sie, rückte sie – in ihrem zarten Empfinden beleidigt – weg. Sagte er einen seiner derben Kosenamen: «Gschmacherl, mollerts – Krauthaferl, liabs!» – Die Leberwurst war wie eine Mimose – rollte sich zusammen und war beleidigt. Sah der Blunzen einer drallen, festen Bierwurst wohlgefällig nach, seufzte die Leberwurst schmerzlich empört auf. – Der Blunzen konnte sich geben, wie er wollte – die Leberwurst machte ein Gesicht, das sagte immer gekränkt: «O pfui!»

Und zur feinen Salami – der einzige Verkehr, den die Leberwurst hatte – schluchzte sie eines Tags: «Ich arme unglückliche, u-u-unverstandene Wu-Wurst!»

Man kann sagen, was man will: Es war eine unglückliche Ehe! Eine Eheirrung! – Und als eines Tages auf seiten des Gatten das rohe Wort fiel: «Beleidigte Leberwurst!» – da war's aus mit der Fassung.

Die Leberwurst klagte beim Wursttribunal auf Scheidung von Strick und Haken. Die Leberwurst war von jetzt an immer gekränkt. – «De gschmerzte Brißn», sagte die Selchwurst höhnisch. «Für die müaßt a Mann aus Marzipan sei und net aus Speck und Bluat», und sie äugelt angelegentlich mit dem Blunzen.

Indes – noch vor die Scheidung kam, nahm der Metzger eines Tags das Ehepaar vom Haken und warf es in den Korb des Wirtskocherls. «So, Fräuln Stasi», sagte er, «die zwoa ghörn Eahna als Namenstagspräsent!» – O Schicksal!

Die Leberwurst rollte sich wie im Krampf zusammen. – «Jetzt geht's auf d'Hochzeitsreis, unser beleidigte Leberwurst», sagten die Selchwürste. «Glücklichen Wursthafen!» riefen sie ihr noch höhnisch nach.

In der Kuchl saß der Schwolischeekorporal Sebastian Zwieblinger, zwirbelte seinen Schnurrbart, und das Kocherl hob die Blut- und Leberwurst eben aus dem Korb heraus über den brodelnden Hafen.

«Siehgst Stasi», sagte der Korporal und tätschelte seinem Schatz die runde Kehrseite, «a so sollt ma halt amal zsammghörn, wia der Blunzen und die Leberwurst!»

Als der Blunzen sah, was vorging, sagte er zu seiner Leberwurst: «Geh, Schatzi, jetzt in der letzten halben Stund – san ma wieder guat! Geh weiter – gib mir no a letzts Bußl!» –

«Wagen Sie es nicht!» knirschte sie. «Ich bin und bleibe eine gekränkte Leberwurst!»

Traurig brodelte der Blunzen in des Hafens Tiefe. Noch einmal versuchte er, sich der Leberwurst zu nähern. – Sie wandte sich schmollend ab ... «In Schönheit sterben» ... hauchte sie noch. – Dann hob das Kocherl beide heraus und setzte sie dem Korporal Zwieblinger vor, den Blunzen und die gekränkte Leberwurst.

Der mengte sie mit Messer und Gabel tüchtig durch- und in-
einander, und so sehr die Leberwurst in ihrer höchsten Not über
den Tellerrand weg durchbrennen wollte – es half nichts. Sie
mußte eins mit der Blutwurst werden ... Ich habe Scheidungskla-
ge eingereicht ... stammelte sie noch. Aber niemand hörte sie. –
«Stasi – i woaß net, die Bluat- und Leberwurst, die zwoa mögn
si heut gar net vertragn in mein Magn. Tua mir a Stamperl
Zwetschgenwasser her! mir is net recht extra», sagte der Korporal
Zwieblinger.

Kein Wunder, wenn man eine gekränkte Leberwurst im Magen
hat ...

Wie man sich denn überhaupt vor unglücklichen Ehen in acht
nehmen muß ...!

Sie erzählt vom Faschingsfest
bei den «Hasen»

Wissen S', Frau Baumhackl, mir san ja gwiß net genußsüch-
tig und ausschweifend, wissen Sie's ja so, wia's is, wenn ma sei
Gerschtl zsammhaltn muaß – aber, wenn alle narrisch san, denkt
ma si, tuat ma halt aa amol mit! I woaß gar koane Zeitn mehr, daß
i auf an Ball oder a Redout komma bin. Aber as Fannerl is halt
jetzt aa in deni Jahr, net wahr?

Des derfa S' ma glaabn, i hab in meiner Jugend auf de Bäll allweil a Mordsgriß ghabt. Mei, wenn i drodenk, wia i amal als Postillion ganga bin. – Ganz narrisch warn d Mannsbilder hinter mir
her, wia i da in de weißn Hosna aufzogn bin. –

Jessas naa! Was hätt i da für a Partie machn kenna. Der Expe-
ditor Zirngibl hätt mi vom Fleck weg gnomma. – Aber damals bin
i schon mit meim Alisi ganga, mit mein Mo – und wo d'Liab hifallt, fallt s' hi, und wenn s' auf an Mist fallt –, Sie, der war net vui
eifersüchtig, wia i da als Postillion ganga bin! – A Hosn ziagst ma
nimmer o! hat er beim Hoamgeh gsagt. Ganz leidenschäftli ist er
worn damals. Mei, des warn Zeitn. – Wenn ma denkt, wia si alles
ändert! – Jetzt hat ma selber a Madl, das ma ausführn muaß. – No,
sagt mei Alisi, geh ma halt wieder aufs Fest vom «Verband der

Stallhasenzüchter». No ja, Sie wissen scho, wen i moan: an Hasenverein halt! – Das is allweil sehr nett, hervorragend! Frau Baumhackl, zünftig und grüawi.

Jetzt war's halt so a Sach mit de Kostümer! Als Postillion, wissen S', mag i heut doch nimmer geh – d' Hosen war ja no da – die is vo meim Bruader selig – und der Frack aa. Aber eng is halt schon alles! A bißl spanna tuat's, und nachher mag ma si in so an Verzug doch nimmer zoagn! No, sag i, i mach an Kaminkehrer. I hob no an Posten schwarzen Satin. Da hab' i mir na a Klüft'l gschneidert. Sie, da hättn S' mi nimmer kennt! Und dazua an Alisi sein Zilinder, und vom Kaminkehrer Scheibl ha i an Drahtbesen z leihn kriagt.

Unser Fannerl natürli, de is als was Gschupfts ganga. Sie wissen ja, wia de jungn Madln heut san. Sie is als Eton-Boy ganga oda wia ma sagt. A ganz a kurz Höserl, a schwarz Frackerl und aa an Zilinder. Den hat ihr unser Zimmerherr glieh'n. No, mei Alter, der ziagt halt allweil sei kurze Wix o und sagt, als Gscherter da is am grüawigstn da is ma halt ozogn! Na ja, is ja wahr: als Gscherter is allweil am bequemsten. Da braucht ma net lang Geckerl macha!

So san ma am Samstag abend furt. In der Trambahn hätt's bald an Krach gebn, weil so a Hammi aufdraaht hat, weil i eahm mit meim Drahtbesen a bißl an sein Kohlrabi hikumma bin.

Sagt er: des is aa notwendig, daß de altn Weiber no Maschkra genga! Wissn S', de Leut san ja so gemein und ordinär! Aber da is er zu mir grad zur Rechtn kumma. I hab mir des Bürscherl z' leihn gnomma: Sie, hab i gsagt, leihn S' ma Eahna Gsicht, na geh i als Aff Maschkra! – Und mei Alisi hat gsagt: wenn er net staad is, na derlebt er was.

So san ma na in d' «Alhambra» kumma, und da war scho a Mordslebn. Der Vorstand hat uns glei begrüßt und an Vorstandstisch higsetzt, und da war d' Frau Offiziant Briesmüller gsessen mit ihrer Rosl, und wia mir da uns hinsetzn – des Gsicht hättn S' sehng solln! Wia mi de ogschaut hat! Ihr schialige Rosl war als Türkin da. Aber scho so brennmager, sag i Eahna! Da hat si de Briesmüllerin über mei Fannerl a so gift, daß grean worn is! Sie kenna mei Fannerl, guat gwachsn, wia s' is, des muaß ihr der Neid

lassn. – Na ham mir unsern Aufschnitt auspackt und zerscht a mal
richtig gessen! Mei Mo hat si an Niernbratn bstellt, und es war a
sehr schöne Portion, schö unterwachsn, mit der Niern.

D' Frau Offiziant Briesmüller hat allweil auf den Bratn gschaut
und hat na gsagt: Des kann si halt a Beamter net leisten! – Na
hat s' mei Fannerl ogschaugt und sagt: A Schamgfui ham de
Frau'nzimmer heut gar koans mehr. Wenn ma s' so siecht, wia s'
daherkumma!

Jetzt is der Saal finster worn, und nachher ham s' auf der Bühne a Stück gspuit: «Das blutige Edelweiß». Wunderbar sag i Eahna, Frau Baumhackl. Der Kramer Bogner hat 'n König Ludwig
Zweiter drin gspuit. I sag Eahna, täuschend! – Täuschend! Wia er
dem armen Mädchen aus dem Volke übers Haar fahrt, wia's beim
Edelweißbrocka abgstürzt is mit eahm auf de Lippen.

I geh ja selten in a Theater, ma siecht ja nix Gscheits mehr, aber
des waar wert, daß Sie's gsehn hätten.

Nachher is der Tanz oganga! No, um mei Fannerl is zuaganga
– dös kenna S' Eahna denka! De is überhaupts nimmer zum Sitzn
kumma! Der Adjunkt Niedermaier hat ihr um zwoa Mark fufzig

Pfennig a Glasl Champanjer kauft. Sie hat's fast ganz austrinkn derfa. A bißl was müassn S' für mei Frau drin lassn, hat er gsagt, sonst werd s' beleidigt. Zu mir is eigens der Vorstand kumma zum «Frasä», und aa sunst warn de Herrn allweil so rumgschwanzelt um mi – aber des hat ja koan Wert mehr. – Mei Alisi natürli hat si gleich zu de zwoa Rallinger zu an Tarock zsammgsetzt, und i hab mir a Glas Punsch bringa lassn und a Schaumtortn.

D'Briesmüller-Rosl is allweil nebn ihrer Muatter gsessn und hat gsagt, so saudumme Tänz wia ma jetzt tanzt, kann a anständigs Madl gar net tanzn. Und leise hat s' zu ihrer Muatter gsagt – aber i hab's doch ghört –, wenn jetzt koaner kummt, na treten s' aus 'm Hasenverein aus.

Der Offiziant Briesmüller is dagsessn und hat sei Pfeif graucht, und auf amal, da is – steht er auf und sagt: No Fräulein, wia hätt ma's denn mit der nächstn Tur? – Jessas naa – de Augn vo der Briesmüllerin! De Augn. Sie is glei feuerrot worn und hat gschrian: Zahln! Fräulein, zahln!

Und ihrn Altn hat s' am Arm packt und gsagt: Mir genga hoam. Bei so ara gmischtn Gsellschaft kann se ja an anständige Familie net aufhaltn. – Da sag i: Pfiat Eahna Good, jetzt werd's na glei weniger gmischt sei, wenn Sie furt san. – Und eahnern Vater ham's in d' Mittn gnomma und san mit eahm hoam. Wissn S', der war scharf auf mei Fannerl gwesn. – Des Sprichwort kenna S' ja: Wenn alte Häuser brenna, da hilft koa Löschn mehr!

Aber mir san no bliebn bis in der Fruah, und d'Herrn ham d'Weißwürscht nur so tellerweis herbracht, und mei Fannerl hat auf d'Letzt als de schönste Maske an Preis kriagt. – An sehr schöna Maßkruag, den man aufziagn ko – na spuit er: In der Heimat ist es schön.

Ma werd halt wieder ganz jung an an solchen Abend, Frau Baumhackl. Mei Kaminkehrer war ganz derwutzelt und dadruckt vor lauter Tanzn. Aber des derfa S' glaubn, ma merkt halt doch, daß ma lang verheirat is.

Mei Alisi hat desmal koa Wort beim Hoamgeh gsagt, wia damals beim Postilliongwand, und wiar i ihn na a bißl eifersüchtig machn will und sag: Heut ham s' mi schön herdruckt beim Tanzn, da sagt er: Ja, des is merkwürdig, wenn s' narrisch san, tanzatn s' mit an Kartoffelsack aa. Und jetzt müaß ma's halt abwartn mit unsern Fannerl, ob 's was werd. De Männer san heut ja furchtbar anspruchsvoll. Schmetterlinge! sag i Eahna, Frau Baumhackl. – Nur bloß umanand fliagn von Blume zu Blume – wennst eahna an kloaner Finger gibst, möchtn s' de ganz Hand – aber nur net heiraten, des mögn s' net ...! Es san halt schlechte Zeitn für a jungs Madl, Frau Baumhackl!

Atelierfest

Schwabing N. N. Droben unterm Dach ist die große Bude ausge-räumt. Das heißt: der Stuhl ist vor die Türe gestellt, eine gepumpte Matratze ist mit einem gepumpten Kaschmirschal als Ottomane maskiert und zwei rotwollene Unterröcke verhängen das große Fenster. An Spagatschnüren baumeln vier farbenfrohe Lampions herab und in der Ofenecke sitzt mit untergeschlagenen Beinen die Kapelle, eine Zupfgeige und ein Maurerklavier. – Und wem die

«Indische Zaubernacht» noch nicht indisch genug ist, der kann sich an den Maßkrug setzen, aus dem in Saales Mitten der Rauch von allerhand Räucherwerk magisch an die Decke emporwirbelt.

Es wimmelt nur so von Maharadschas, Bajaderen, Fakiren, Gauklern und Hindus, am Ofen singt ein Wursthafen voll Tee und

Die schöne Suleika
auf der „Arche Noah"

zwei Tassen gehen von Mund zu Mund, und alle hindostanischen Zungen von Hamburg bis Bozen schnattern durcheinander. Ein Großmogul beschwert sich, daß das Flaschenbier warm geworden ist und eine Bajadere auf den Knien eines Mintrachinger Lederhöschens sagt: Hand von der Butten! San Weinbeerl drinn! –

67

Ein heulender Derwisch erklärt einer Haremsschönen, daß seine sämtlichen Gelübde für den Fasching außer Kraft gesetzt seien: I nimm, was i derwisch, drum hoaß i Derwisch ... Der Maharadscha hat sechs Lieblingsfrauen, die ihn mit Schokolade füttern, ein Muäzzin rhabarbert in weißem Burnus seine Koransprüche herab und bekommt einen Pantoffel aus schöner Hand an den Kopf und nun wächst hinter dem Räucherwerk der große Lyriker Heinz Hugo Horst Hipflinger empor und spricht seinen Sang an Indien, Sonnen steilen sich, Wunder brausen auf, Buddha lächelt – Palmen rauschen und geflecktes Katzenfunkeln zischt durch Dschungeldunkel. Dann läßt H. H. H. Hipflinger eine Bajadere in so freier Rhythmik ein so interessantes Seelenleben enthüllen, daß man selbst in Indien vielleicht erstaunt sein möchte über das, was hier in gebatikter Sprache von den Schönen dieses heißen Landes erzählt wird.

Eine klapperdürre schwarzhaarige Tänzerin tanzt um den Räuchermaßkrug herum den Tanz der Klapperschlangen und man ist

froh, daß der Schöpfer dem Menschen im allgemeinen und Tänzerinnen im besondern nur vier Extremitäten verliehen hat.

Aber da knäuelt sich aus den mystischen Weisen der Kapelle
immer klarer und fester Rhythmus und Melodie durchaus unmystischer Prägung heraus und nun schiebt und dreht sich's im dämmerroten Raum, was an indischem Wundervolk Beine hat, nach
der althindostanischen Weise

> Mir san ma de lustinga
> Holzhackersbuam ...
> Holzhackersbuam ...

Das Metermaß

«So, Hansl, tua di brav zur Muatter hersetzn», sagt die Frau in
der Trambahn und nimmt ihren Buben auf den Schoß. Es ist kein
Wickelkind mehr und kein Tragkind, es ist ein wohlgeratenes, so
um die Schulpflicht herum stehendes Bürscherl.

Auf dem Schoß der kleinen Mutter nimmt er sich mächtig aus,
die Leute sehen ein bißchen stirnrunzelnd darauf hin und ein Passagier murmelt mißbilligend: «A so a Mordstrumm Klachl!»

Das ist auch die Ansicht des Schaffners, der aber in seiner Eigenschaft als Beamter seine menschliche Meinung in sachlichdienstliche Worte kleiden muß.

«Für den Buben da muß auch ein Fahrschein glöst wern.»

«Waas? Für des Kind? Ausgschlossn! Da hab ich no nia a Billett gnomma, solang i mit eahm fahr.» Die Mutter blickt starr und
abweisend am Schaffner vorbei, so, als ob der Fall für sie erledigt
wäre. Der Schaffner sagt als geschulter Psychologe, gütig und
wohlwollend: «Geh, Frau, des sieht doch jeder, daß der Bua an
Fahrschein braucht.»

«Aber des siecht aa jeder», sagt die Mutter, «daß des Kind no
minderjährig is. Und wenn S' was von Ihrer Vorschrift verstenga,
na wissen S', daß Minderjährige nix zahln müassn. Vier Jahr werd
er auf Weihnachten.»

Der Schaffner: «Vier Jahr oder vierzehn – des geht mi nix o ...
Was über an Meter is, zahlt!»

Der Knabe: «Mami, i bin ja scho sechs Jahr alt ...»

Die Mami: «Red net so saudumm daher, – vieri werst!»

Der Schaffner: «Also machen S' jetzt keine langen Gschichtn mehr, Frau. Für den Buam müassen S' zahln! Der is weit über an Meter!»

Die Frau: «Des Kind werd an Meter ham! Des glaabn S' ja selber net. Hab ja i nur an Meter achtafuchzg!»

Der Schaffner: «Sehr einfach. Da braucht er si nur hinstelln. Da is der Meter markiert an der Tür.»

Die Mutter: «Der braucht si gar net histelln! Des woaß i besser, wia groß mei Kind is!»

Der Schaffner: «Tuat mir leid, nachher müassn S' aussteign, Frau.»

Die Frau: «Wenn i mag, scho! Drei Jahre lang fahr i jetzt mit dem Kind scho auf der Trambahn und hob no nia zahln müassn!»

Der brummige Fahrgast: «De kannt ja no zwanzg Jahr damit umsunst fahrn wolln ...»

Die Frau: «Eahna geht's überhaupt nix o! Sie schaugn grad so aus. Mit dera Wampn nemma S' a so zwoa Plätz ei.»

Der Schaffner: «Also, Frau, san S' vernünftig. Überzeugn S' Eahna selber, daß der Bua mindestens an Meter zwanzge hat ...»

Die Mutter: «Des kann er gar net hamm! Mei Marerl ham mir erscht neuli auf der Wiesn gwogn. De is um a Jahr älter und wiagt no koane vierzg Pfund!»

Der Schaffner (energisch): «I fahr net weiter.»

Die Fahrgäste murren. Der Knabe verzieht das Gesicht zum Greinen. Ein alter Herr redet der Mutter gut zu: «... Gehn S' zu, Frau, stelln S' den Buben halt an das Maß hin, da is ja gar nix dabei ...»

Die Frau (widerwillig nachgebend): «... Weil i no nia was zahlt hab dafür ...»

Der Hansl wird vom Schaffner an die Metermarke gestellt; unter der Anteilnahme aller Wageninsassen ergibt sich, daß er um Kopfeslänge darüber hinausreicht. Die Mutter: «... Wenn des a Meter is, der Strich da ...? Des möcht i scho bezweifeln, ob des a Meter is, des kloane Stückl! Unser Küchenkasten is genau an Meter hoch, und der Bua, der siecht no lang net drüber.»

Der Schaffner: «Eahnan Küchenkasten könna ma net reistelln. Also: Zahln oder aussteign.»

Die Mutter klaubt aus der Geldbörse die Fünferl heraus. «Aber des sag i Eahna, daß i mi bei der Direktion beschwer und in die Presse laß i's aa neisetzn. Allweil geht's an de Kloana naus. Des mit dem Meter ham aa wieder de Großkopfetn ausdenkt. Und überhaupts, meiner Lebtag is der Bua koan Meter groß ...»

Die Frau ist geladen. Sie möchte jetzt gern so einen Großkopfetn beim Krawattl haben, es kribbelt ihr nur so in den Händen. Aber weil keiner da ist, wendet sie sich ihrem Buben zu, der wieder auf ihrem Schoß Platz genommen hat, und nun kommt erst recht in das Bewußtsein der Mutter, daß sie für den Buben gezahlt hat. Sie nimmt ihren Hansl energisch um die Taille und setzt ihn neben sich: «Da hockst di jetzt her! Zahlt is der Platz! Des gang mir grad no ab, daß i so a Mordstrumm Mannsbuid am Schoß sitzn hätt ...»

Ein Vogel fährt mit der Trambahn

Die Frau mit dem blauen Schurz und dem Kübel war auf den feinen Herrn mit den weißen Gamaschen nicht gut zu sprechen. Sie rückte sich ostentativ in ihrer Ecke zurecht und schmetterte die Wagentüre zu. Dann schickte sie dem Herrn ein paar finstere Blicke nach, die an den weißen Gamaschen wie mit Widerhaken hängenblieben.

Die Frau sagte grollend: «De Leut san in an Ziaglstadl aufgwachsn, de ham koa Tür net dahoam. Oder sie san si z'guat, daß sie's in d' Hand nemma! Derfst grad schö an Bortje macha ... Daß sie fei der a Boandl abbricht, wenn er d'Tür in d'Hand nimmt ...»

Der feine Herr sah die grollende Anklägerin erstaunt an, ward sich dann seines Vergehens bewußt und verbarg sich hinter einer Zeitung; denn er spürte: mit weißen Gamaschen und einem Uhrarmband am Gelenk ist man in einer schwachen Position, wenn die Stimme des Volkes spricht.

Vielleicht hätte die Frau mit dem Kübel noch einiges Scharfe und Bemerkenswerte über Tür auf und Tür zu geäußert, sie war ihren Blicken nach anscheinend auch nicht abgeneigt, Erscheinung und Charakter des Gegners einer kritischen Begutachtung zu unterziehen. Aber da nahm die Aufmerksamkeit der Wagengäste ein kleiner Disput zwischen dem Schaffner und einem alten Frauerl ganz in Anspruch. Nämlich: ob ein Vogel mit der Trambahn fahren darf.

Nach Gesetz und Bestimmung eigentlich nicht. Der Schaffner sagte: «Wo kummatn mir denn hi, wenn jeder mit sein Vogel oruckat. Mir san doch koa Vogelhäusl net.»

Man hätte ja gar nichts gemerkt; denn der kleine Käfig auf dem Schoß der Frau war in Tücher eingeschlagen und konnte ebenso eine Eierkiste sein oder ein Seifenpaket. Und der Vogel war auch bis zur vorletzten Haltestelle musterhaft ruhig gewesen. Dann durch ein plötzliches ruckhaftes Anfahren erschreckt, hat der kleine Kerl in seiner Angst zwei Piepser getan, gerade laut genug, daß sie von der Umgebung und auch vom Schaffner gehört wurden.

Die Frau sah mit verlegenem, schuldbewußtem und schon leise bittendem Gesicht zur bemützten Macht empor. Sie sagte: «Krank is er! Schaugn S' n nur o!» Und hob vorsichtig das Tuch vom Käfig hoch. – Da hockte der Kleine wie ein Federknäuel in der Ecke. Schnell und gejagt gingt das Brüstchen auf und ab, und die angeschwollenen Füße versuchten in matter, schwerfälliger Flucht einen kleinen Hupfer.

Also der Schaffner: «Wo kummatn mir denn hi ...» Aber er sagte es schon voll Nachgiebigkeit, sozusagen nur zur Wahrung des Dienstgesichtes. Die Straßenbahn war gegen die Endhaltestelle zu nicht allzusehr besetzt, der Kontrolleur nicht zu erwarten. Außerdem: vielleicht ist es gar nicht so sehr gegen die Verkehrsordnung, einen kleinen Kanari mitfahren zu lassen, auch wenn er keinen Maulkorb hat. Gegen die Endhaltestelle zu wird der Schaffner immer ein bißchen Mensch zu Mensch, lockert den strengen Beamtenpanzer.

Er neigt sich zu dem Käfig und sagt: «Wo fehlt's eahm denn? Wissen S', i hob aa oan dahoam. Ham mir voriges Jahr vui Gfrett ghabt. Badn S' eahm doch d' Fußerl mit Kamilln!»

Die Frau: «Alles hab' i scho probiert; aber er werd von Tag zu Tag weniger. Gel, Hansl, du kloaner Scheißer! Jetzt fahr i zu oan, den wo ma d'Nachbarin verratn hat. Der soi d'Vögel so guat wieder zsammrichtn. A alter Musiker is; an Vogldoktor hoaßn s' n.»

Die Frau mit dem Kübel gegenüber beugt sich vor, schaut um den Schaffner herum und sagt: «Ja, den kenn i, da genga S' nur mit mir, des is der alt Morasch; der wohnt zwoa Häuser weit von uns. Den hab' i scho vui lobn hörn ... A so a netts Vögerl und ganz derdattert is er. Aber der Morasch bringtn durch, wern S' sehng!»

«Fressn wui er halt gar nimmer und a so trüabe Augn hat er.»

Der feine Herr in der Ecke hat seine Zeitung zusammengefaltet und rückt näher. Er fragt, wie alt der Vogel ist. Er hat einen Papagei daheim. Ob nicht vielleicht feines Öl gut ist. Die Frau mit dem Kübel schickt wieder einen Blick zu dem Herrn. Diesmal ist der Blick frei von Schärfe und Bitterkeit. Sie sagt: «Da kann der Herr scho recht ham mit 'n Öl.»

Der Schaffner: «Und nur koa Zugluft net. Mit Leinwand soll ma an Bodn auslegn. Des is kühl und net so hart wia Blech. A so a Vieh ko oan derbarma. Schaugn tut's wia a Mensch.»

Ein kleiner Bub sagt zu seiner Mutter: «Mami, schau, da ist ein Vogerl.» Die Mutter: «Ja, der is krank, Heini, guck nur, wie er im Eckerl sitzt.» Der Bub: «Der weint aber gar net.» Und dann die Frage, ob Vögerl weinen, wenn ihnen was weh tut. Die Mutter lächelt und streicht dem Kleinen über den Schopf: «Man sieht's halt nicht, Heini.»

Ein Mann mit braunen, rußigen Händen und einer Monteurmütze angelt in der Hosentasche und bringt ein Zuckerstückl zum Vorschein. Das steckt er mit seinen harten Fingern vorsichtig zwischen die Stäbe und pfeift ein paarmal, so sanft es geht.

Die alte Frau deckt ihren Hansl wieder zu. Man merkt, die Teilnahme ringsum hat sie zuversichtlich gemacht. «Gang mir vui ab, wenn er hi werat», sagt sie.

An der Endstation verläßt alles den Wagen. Der Schaffner hilft der Frau beim Aussteigen und reicht ihr den Käfig hinaus. «Also probiern Sie 's amal mit Kamillntee. Der Monteur sagt: «Kanari san zaach, de lassn net so bald aus.» Der kleine Bub: «... aber gel,

Mami, wenn des Vogerl wieder gsund is, dann weint's nimmer ...»
Der feine Herr gibt der Frau mit dem Käfig ein Zettelchen, da
steht das Öl draufgeschrieben. Und er lupft höflich den Hut. Die
Frau mit dem Kübel und die Frau mit dem Käfig gehen neben-
einander in der Richtung zum alten Morasch, dem Vogeldoktor.
Und die Frau mit dem Kübel sieht sich nochmal nach den weißen
Gamaschen um.

«Der muaß was Bessers sei», sagt sie nicht ohne Anerkennung.
«Des hab i scho oft ghört, daß a Öl so guat sei soll. Gschdudierte
Leut wissen allerhand. – Sehng S', des Haus mit dem Gartl, da
wohnt der Morasch.»

Die Trambahn bimmelt wieder der Stadt zu, und der Schaffner
hat sein ernstes verschlossenes Stadteinwärts-Gesicht, mit einem
scharfen Auge für jede Verletzung der Verkehrsordnung.

Ein Wintermantel wird gekauft

Frau Scheggl: «Zeit waar's ja scho, daß d' dir amol wieder an neu-
en Mantel zualegast. Kimmst daher wie a Schlawiner. D' Fransn
hänga dir vo de Ärmel weg, und an Kragn wenn ma aussiadt, des
gaab a Pfund Fettn wia nix. Muaß ma si direkt schama, wenn ma
nebn dir dahergeht.

Wos? – Es gibt nix Solides mehr seit 'n Kriag?! – Weilst halt du
nix mehr Gscheids siehgst bei deine Tarockspezln. De ham freili koa Gfui für a Gwand. – A so rumlaffa! Wias di nur net
schaamst!»

Scheggl: «... Gehn ma halt nachher ...!»

Im Geschäft: «An Wintermantel für den Herrn kriagtn mir.
Scho was Bessers, was Guats. Ham S' vielleicht a bißl an dunkln,
so a bißl an Salz- und Pfeffermantel. Mei Schwager hat aa mal bei
Eahna oan kaaft – war recht zfriedn damit! Wissen S', so a bißl was
in Salz und Pfeffer war's. Das schmutzt net so leicht, des tragt si
guat, des macht oan aa jugendlich, net ...»

Scheggl, Idealfigur eines «korpulenteren Herrn» aus Katalog
B5 hat geduldig wie ein braves Kind dreißig Mäntel anprobiert. –

75

Der Verkäufer, höflicher junger Mann, klettert wie ein schwindelfreier Gemsbock in Regalen und Etagen herum und schleppt immer wieder herbei. Scheggl kennt dies seit seiner Kinderzeit. Viel lieber ginge er zum Zahnarzt oder zu einer Blinddarmoperation. Der höfliche junge Mann und die kritisch prüfende Frau ziehen Scheggl an und aus, an und aus und zupfen an ihm herum wie an einer Himbeerstaude. Was die Frau vorne hochzieht, zieht der junge Mann hinten wieder hinunter.

Scheggl steht wie der unglückliche Hiob vor dem Spiegel. Er geniert sich.

«Sag halt du aa was! Du redst nix, du deutst nix! – Wos moanst denn?»

Scheggl hätte sich ja gleich für den ersten Mantel entschieden. Der junge Mann hat auch gesagt: «Prima!» – Aber die Frau!

«Ja, wissen S', Herr, de Farbn stehn halt mein Mann net bsonders. Und zum Straplizieren sollt's halt aa sei! Wenn S' halt so was Salz- und Pfeffrigs hättn! Ham S' so was net?»

Der junge Mann preist den letzten Mantel an wie eine Geliebte – aber Frau Scheggl kann sich nicht entschließen. Der junge Mann klettert wieder eine Leiter empor, um in einem Mantelkamin zu verschwinden. Er bringt etwas in Salz und Pfeffer.

«Den nemma ma!» sagt Herr Scheggl.

«Ja scho – aber de Qualität vom Schwager is er halt doch net, des war so a ganz kloa karierter. Scho Salz und Pfeffer, Herr – aber in der Hauptsach doch mit so kloane Karo! – Wenn S' vielleicht oan mit so a kloane Karo hättn ...!»

Der junge Mann pflückt den Karo-Mantel wie ein Edelweiß von der höchsten Zinne.

«Ja, des is so was in Karo! Aber z'hell! Vui z'hell halt. – Den hast in vierzehn Tag versaut! Wenn S' vielleicht a bißl an dunklern hättn, aa so Karo!»

Ein bißl ein dunkler Mantel schlägt um Scheggls Lenden.

«Scho eher! Gang scho eher! Aber de Gurtn, de schaugn halt so gigerlhaft aus. Ohne Gurtn ham S' koan? – So oan, mit Karo? Da ham S' uns vorher oan zoagt, da unter de Mäntel liegt er drin, der war vielleicht doch ... A Seidnfuatter! Des is halt was diffisils! Des hat Läus, wenn ma da net aufpaßt! – Vielleicht zeign S' uns doch no amal den erschtn. – Der hat a bißl was in Salz und Pfeffer ghabt. – Sag halt was! Sag halt du aa was! Stehst allweil da und sagst net Gick und net Gack!»

Scheggl, ein Verschmachtender, jappst sein Ja. Er ist selig, daß es soweit ist. Auch der junge Mann ist selig. Er preist den erwähnten Mantel mit einem hohen Lied und legt ihn zusammen. Frau Scheggl steht wie eine Wetterwolke am Horizont in Aktion. Die drei machen sich auf den Weg zur Packstelle.

«Daß dir jetzt so was gfallt! – So was is doch net de Qualität vom Schwager.» Sie kriegt den jungen Mann nochmal zu fassen. «Sie Herr, wenn S' halt doch so freundli wärn, i hab mir's jetzt wieder überlegt. Der oane mit dem Gurt war halt doch a recht solid's Tuach. Vielleicht könnt 'n mei Mann doch no amal oziahng. – Solid is er scho! Aber der Gurt! Des is halt was für junge Leut! Der Gurt wann net waar ... Moanst net, Xaver, daß der mit de Karo do besser waar, oder der blaue, – aber der is halt a bißl kurz ... Wissen S', Herr, mir überlegns uns jetzt no amal, mir komma na morgn vormittag mitn Schwager, damit S' den sein Salz- und Pfeffermantel sehng – entschuldigen S' halt vielmals ...»

Scheggl (draußen): «Daß ma aber aa gar nix gfundn ham.»

Sie (ärgerlich): «Gfundn ham! Gfundn ham!! – Weilst di halt du nia für was entscheiden kannst!» –

Der Überzieher

Er war ein wunderbares Exemplar seiner Gattung: mild, von köstlichem Schnitt, auserlesen grüner Farbe und talergroßen Knöpfen.

Ich war verliebt darein. Und verliebt wie ich war, ging ich mit ihm ins Kaffeehaus.

Alle bewunderten mich darin. Und beneideten mich. – Ich war ein eleganter Mensch geworden. Zärtlich hing ich ihn an den Haken.

Dann spielte ich Sechsundsechzig und gewann. Merkwürdigerweise: Wo ich doch so viel Glück in der Liebe mit meinem Überzieher hatte. Dann las ich die Zeitschriften. Über dem Strich, unter dem Strich, besah die Bilder und spielte dann eine Partie Billard.

Dann zahlte ich und wandte mich meinem Überzieher zu.

Er war weg. – Verschwunden.

Niemand wußte von nischt.

Die Kassiererin beteuerte mit erhobenen Schwurhänden ihre Unschuld. Das Biermädchen fuhr mit einem Besen unter den Servierkasten, vielleicht ... Der Pikkolo bohrte teilnahmslos in der Nase. Der Herr Direktor rieb sich verbindlich die Hände und sagte, es sei ihm kolossal unangenehm. In seinem Lokal wäre so was ...

Und der Zigarrenmann sagte mit der Unverfrorenheit, die diesen Leuten eigen ist: «Ham denn Sie überhaupts oan ghabt?»

Also der Überzieher war futsch. Wer sollte unter 600 000 Menschen, die Vororte nicht eingerechnet, den Dieb herausfinden? – Ich gab es auf ...

Und erstand einen neuen, noch viel milderen, köstlicheren, *braunen* Überzieher und war ganz verliebt darein.

Dann ging ich mit ihm ins Kaffeehaus. Und hütete ihn mit Argusaugen. Wie ein Pascha seine Lieblingsodaliske, wie der Drache den Nibelungenhort, wie ein Backfisch das Bildnis des Operntenors mit eigenhändiger Unterschrift.

Alle bewunderten mich.

Und ich hütete ihn. Immer zwischen zwei Zeilen Zeitungslektüre warf ich einen Blick auf ihn.

Da – da – Teufel nochmal: Da wandelte mein *grüner* Überzieher, der Verflossene, elegant, unbekümmert durch die Schar der Gäste.

Er und kein anderer.

Ich stürzte auf den Träger zu und faßte ihn beim Kragen: «Erlauben Sie, Herr, mein Überzieher!»

Der Herr mit meinem Überzieher drehte sich um. «Sind Sie verrückt?!» – Also frech auch noch!

Ich sagte nur: «Schutzmann!» Der Herr schüttelte den Kopf: Also wirklich verrückt!

Mir schwoll die Zornesader.

Die Gäste erhoben sich sensationsfroh von den Tischen und ließen den Leitartikel im Stich. Der Direktor kam und rieb sich verbindlich die Hände. «Aber meine Herren!» Das Biermädchen riß sämtliche Gesichtsöffnungen auf. Der Pikkolo bohrte erregt in der Nase.

Ich schrie: «Mein Überzieher!»

Der Direktor verdolmetschte es dem Herrn und sagte zu ihm: Herr Rechnungsrat und es sei ein Irrtum meinerseits.

Der Herr Rechnungsrat schlug den Überzieher zurück und zeigte die Firma. – Es war nicht meine.

Und zeigte das Futter: Es war nicht das meines Überziehers.

Ich hatte mich geirrt.

Die Gäste lächelten, der Direktor rieb sich lächelnd die Hände, der Pikkolo bohrte lächelnd in der Nase. –

Der Herr Rechnungsrat durchstach mich mit einem Blick, daß seine Brillengläser zersprangen.

Ich stammelte Entschuldigungen und ging geknickt und belächelt an meinen Platz zurück. – Fort! Nur fort von dieser Stätte.

Ich zahlte und griff nach meinem neuen, braunen Überzieher. – –

Er war weg! – Verschwunden.

Niemand wußte von nischt.

Aller Augen waren ja auf das Zwischenspiel gerichtet gewesen. Die Kassiererin beteuerte ihre Unschuld. Das Biermädchen suchte im Papierkorb nach dem Vermißten. Der Pikkolo bohrte teilnahmslos in der Nase. Der Direktor rieb sich verbindlich die Hände und bedauerte kolossal. Die Gäste lächelten und der Zigarrenmann fragte: «Ham denn Sie überhaupts oan ghabt?»

Ich gab ihm eine Ohrfeige und wurde aus dem Lokal entfernt.

Dann ging ich zur Zeitung und ließ einrücken: «Jener Herr, der erkannt wurde ...» Aber er hat es trotzdem vorgezogen, sich nicht zu melden. –

Wenn Sie einen Herrn im Überzieher im Lokal sitzen sehen, – das bin ich. –

Die Bank des Gerichtes

Die Bank steht am Hauptweg der Anlage unter einem schattigen Kastanienbaum und Gerechte wie Ungerechte müssen daran vorbei.

So gegen drei Uhr nachmittags kommen ihre Stammgäste angeschlurft, seit mehr als einem Jahrzehnt immer dieselben: die lange, hagere Spitalerin schüttelt erst umständlich den Faltenrock aus, eh' sie sich setzt, stützt die gichtknochigen Hände auf ihren Stock, und wer Hänsel oder Gretel heißt, rückt weit weg. Alles in dem faltigen, lederbraunen Gesicht ist scharf, angriffslustig, kampfbereit: die vorspringende, etwas rötlich angehauchte «Hakelnase», die kleinen, flinken, zupackenden Augen, das vorspringende spitzige, mit etlichen Härchen gestachelte Kinn und der gelbe Zahn darüber – ein Dornröschen, an dem man sich um und um stechen kann.

Nach einer kleinen Weile kommt die zweite: ein rundliches altes Fräulein aus einem kleinen Gaß'l in der Nachbarschaft; da wohnt sie in einem altjüngferlichen Mansardenzimmer. Ihr Gesicht mit den christbaumkugligen Augen ist nicht so scharf und saucr, in ihrem ist eine geschäftige, schwatzfrohe Neugierde. Sie trägt eine bis an die Brust reichende Taftmantille mit flimmernden schwarzen Blättchen verziert und mit baumelnden Perlfransen daran und häkelt schon seit der Gründung Roms an einer im Lauf der Zeit grauschwarz gewordenen weißen Borte. Indes die erste viel von der hochwürdigen Geistlichkeit des Stadtviertels, von Wallfahrten, Kirchen, Frömmigkeiten, Tugenden und Lastern der Menschen in angewandter, messerscharfer Nächstenliebe zu erzählen weiß, packt die andere mit ihren «Herrschaften» aus, bei denen sie im Lauf eines langen Lebens Köchin war, und was man da über die Eigentümlichkeiten der Frau Rat, der Frau Präsident, der gnä Fräuln bei Direktors und den ehelichen Zwistigkeiten bei Professors hört, verrät eine aufmerksame Hausgenossin, die mit fünf außerordentlich scharf ausgebildeten Sinnen ausgestattet gewesen sein mußte. – Als letzter nimmt mit umständlicher Freundlichkeit ein altes Mannderl Platz, der mit «Herr Maier» begrüßt wird und auch so aussieht. Er lebt von irgendeiner – wie man am gut ventilierten Strohhut bemerken kann – nicht zu üppigen Pension und unterhält sich jeden Nachmittag mit seinen Bankfreundinnen über die Zeitläufte.

Wenn die Fragen nach dem gegenseitigen rheumatischen Befinden abgetan sind, wenn die erlebten Frömmigkeiten und «Herrschaften» anfangen zu versiegen, dann setzen sich die drei zurecht und widmen sich kritisch den Vorbeigehenden. –

Da kommt als erste ein junges Fräulein daher, – «a gschupfte Gretl» (wie die Spitalerin schon von weitem konstatiert). Ein Unstern muß sie mit ihrem fast mehr als fußfreien Rock, den hohen Stöcklschuhen und Florstrümpfen an der Bank vorbeiführen. Dazu noch ein Hut, der sich etliche Extravaganzen erlaubt – ein Duft von Parfüm ... Gerichtet!

Die Köpfe der Drei gehen automatisch mit ihrem Näherkommen und Vorbeigehen mit.

Die «Scharfe» schüttelt sichtbarlich den Kopf, und noch in Hörweite fällt das Urteil: Naa, mir wenn a solchene ghörat, an Stecka nemmat i scho! – An solchan ausgschaamten Verzug! Überhaupts, wia jetzt die Fraunzimmer daherkemma: grausn kunnt oan! Koane hat koa Schamgfui mehr! Wenn sie sö no glei

d' Haxn brechat in ihrane Schuach, in ihre damischen, und nachher dö Strümpf wia a Spinnweb! Drum ham s' allweil d' Gripp ... Die Hakelnase wittert verächtlich in der Luft: Und eischmiern aa no! Mit solchane Parfümer. Dös hat's zu unserer Zeit net gebn. – Paßt ihra Huat grad dazua. – Ein böser Blick geht noch nach. – Die Rundliche sekundiert:

Moana S', daß de amal ihrn Mo nur a Suppn kocha ko? – Oder a Kindswasch waschn? Ja, Schneckn! Dö Gnädige spuin und si bedeana lassn und d' Dienstbotn schigganiern wia dö gnädige Fräul'n von Direktors, dös war aa so oane, sag i Eahna, de wo alle Tag ...

Der Herr Maier nimmt eine Prise. Seine Augen gehen am längsten dem Fräulein nach. No, sagt er begütigend, war ja a ganz saubana Kerl. Und weil ma d' Wadl a bißl siehcht, mei – dös is do nix so Args. Liaber siehch i's scho von dera als von ... Uns, – fallen die beiden Richterinnen giftig ein. Ja, dees glaabn ma scho! Ös Mannsbuida! Oana is wia da ander. Wenn s' nur recht schö zsammdockelt san, nachher gfalln s' euch scho und da werd nix derkennt, wenn oane kocht und d' Kindswasch wascht und spart ...

Ein «Schwabinger» Pärchen, er langhaarig, Schillerkragen, Sandalen, sie kurzhaarig. «Reformdirndl», «Eigenschuhe». – Jessas, jessas, schaug s' nur grad o, dö Narrischen! Ohne Huat kemma s' daher alle zwoa. Wo sie's nur auslassen ham.

Boani is, sagt mißbilligend der Herr Maier.

So spinnate Kinstler halt! – Überhaupts, dö Kinstler!
Und er hat net amal Socka o! Werd scho as Waschen net zahln
kinna! Hörn S' ma auf mit de Kinstla! – I hab amal für oan gwa-
schn und hab heut no mei Geld net. Da pfeif i auf dö Beriemtheit
von so oan, der wo sei Wasch net zahlt.

Nachher tragt er Haar wia a Frau'nzimmer. Sollst 'n glei fragn,
ob er koan Lauskampi braucht. Und sie geht kurzhaarat. Hörn S'
ma auf mit de Kinstler ...!

Ein «Gent» in weißer Hose, das Monokel im Aug, kommt vorbei.

Die Rundliche sagt: Weil ma net gnua waschn ko! Weil d' Soafa
so billig is! –

Der Herr Maier, alter Antimilitarist und Volksmann, wird heiß:
An Glasscherbn muaß er drinn ham, der Gischbi, der grea! Vielleicht sehat er a so net, wann a Randstoa kimmt. Die Hagere: An
solchan möcht i. Dem gwöhnat i dö weiße Hosn und sein Glasscherbn ab! Dös woaß i! – Allweil an gnödign Herrn auf der Straß
spuin, und dahoam trinka s' na an Kaffee aus an brochana Email-
haferl ...

Eine «Gnädige» mit der Lorgnette rauscht vorüber.

Jä, sie mit'n Stangerlzwicker. Und as Fleisch holn s' na beim
Roßmetzger, wia bei meina Herrschaft, da hat aa die Gnädige allweil nur Samt und Seide ghabt innen und außen, aber auf d'Nacht
na um zwölf Pfennig Leberkaas ...

Buben toben vorbei im Fangamanndl. Einer tritt in die Pfütze
und spritzt drei Tröpferl auf die Spitalerin. – Sie faßt ihren Stock:
Saubuam vodächtige! – Aber die sind schon weit vom Schuß.

Naa, a Jugend is da heutzutags. A Schand und a Spott! 's Lebn
bist nimmer sicher. Koa Zucht mehr. Wenn's nach mir gaang, dö
müaßtn mir jeden Tag a zwoa drei Stund in Kirch, na werat 's scho
besser.

Mei, sagt der Herr Maier, mir warn als Junger aa net anders.
Mir wissen's halt nimmer ... Ja, *Sie* ham allweil a Entschuldigung.
Dös wern na solche Spartakus überanand oder wia s' hoaßn.
Überhaupts, so vui schlecht san d' Leut schon! As reinste Lampi
is unseroans dagegn. – As reinste Lampi!

Eine Rohkost-Kur

«... Eigentlich, verstehst mi, Xaverl, i dürft des Tellerfleisch gar
net essn – des is ganz gegn d' Vorschriftn, aber weil i doch Kohlrabi dazua bstellt hab und weil i halt so an Gusto drauf hab und i
sag halt: Oamal muaß ma wieder wos Gscheits im Magn ham!
Aber erzähl's fei net weider!

... Ja, wia i dazua kemma bin? Also: I wer halt dicker und allweil
dicker. – Bis zum zwoaten Stock nauf hab i scho schnaufa müassn
wia a alte Lokomobile, schwindli bin i worn, wenn i über d' Straß
ganga bin, und nach der drittn Maß hab i allweil so a Druckn im
Magn gspürt.

No, unser Zimmerherr, der Buachhandler, der redt mir scho
allweil zua: Probiern Sie 's amal mit der Rohkost, Herr Brömeisl.
Sie wern sehng, sagt er, des putzt Eahna durch. Um zehn Jahr
wern S' jünger und Eahner ganzer Geist werd freier, moant er. –
No, sag i, wos des anbelangt mit 'm Geist, der druckt mi net! Aber
es is scho wahr, a bißl magerer könnt net schadn und a bißl jünger,
moant mei Alte, taat mir aa guat! – Aber dös sag i Eahna, sag i zu
eahm, d' Haar laß i mir net lang wachsn als wia da Albrecht Dü-
rer. No, des hätt ja koa Gfahr, weil 's bei mir a so mit de Haar net
so weit her is. Also guat, der Zimmerherr gibt uns des Büachl mit
de Vorschriftn. Mei Alte hat also vorign Montag mitn Rohkost-
kochen angfangt. – In der Fruah statt an Kaffee und de Butter-
semmerl hat 's an Apfel gebn. – Da hab i scho a bißl hoch bissn,
aber a Kur is nia was G'schleckats. Um ara zehni vormittags kriag
i a Schüsserl voll Johannisbeer. – Jetzt muaßt wissn, grad visavi
von uns is der Schleibinger-Bräu. Da hör i durchs Fenster: A Zün-
gerl! Zwoa saure Niern! Drei Weißwürst! Zwoa Märzn ... Und
i sitz da bei meine Johannisbeerl! – Oder was für a Gmüas des
war! –

Runter druckt hab i's. – Geben Sie Eahnern Durschtgefühl
nicht nach, hat der Zimmerherr gsagt. Der Körper braucht ganz
wenig Flüssigkeit.

Aber was für Qualn oaner aussteht, der wo zur Brotzeit a
Halbe Märzn g'wohnt is, des kannst dir net vorstelln, Xaverl. Mittags essn ma mitnand a Schüssel Salat – bloß mit Wasser an-

gmacht, nachher hat's a Teller voll Nuß gebn, zwoa Äpfel dazu und a Millisuppn mit Haferflockn drin. – Halt aus, Brömeisl, hab i mir denkt! Durchputzn! Des is jetzt d' Hauptsach. Nach acht Tag, denk i mir, kannst di na wieder an ara schöne Kalbshaxn erfrischn! – Um ara fünfi hab i mir doch an Rankn Brot abgschnittn und hob mir denkt: Bildst dir halt ei, es is a Leberkaas, aber d' Eibildung is bei mir halt schwach. – Na hab i mir statt in Schleibinger-Keller auf a Anlagnbank gsetzt und hab d' Spatzn gfuattert. Ihr habts es guat, denk i mir, ihr derfts fressn, was euch schmeckt! – Mei Magn, der hat grad gorgelt vor Hunger und i hab mir gsagt: was bist eigentlich für a Rindviech, Brömeisl, daß d' dir solchane Qualn otuast.

Sie müssen die Krise tapfer durchhaltn, sagt auf d'Nacht der Zimmerherr. Sie werden sehng, sagt er, es lohnt sich. – Woaßt, Xaverl, Fleischpflanzl hat's gebn, aber net aus Fleisch. Naa, aus Spinat und rote Ruabn und Kohlrabi zsammghackt. – I sag zu meiner Altn: Des halt i nimmer aus, Rosina! – Aber sie glaubt fest an die Verjüngung von mir und sagt: Jetzt probier ma's amal! A Woch is net lang. Und du bist halt in der Krise!

Guat, an andern Tag is de Gschicht so weiter ganga. – Aber nach 'm Essen – a Kottlett aus gelbe Ruabn und Wirsching hat's gebn – da bin i doch furt und nach Sendling naus zum Stiegl-Wirt. – Habts mi gern mit eurer Krise! Da kennt mi neamd, des is zwoa Stund von unserer Wohnung weg. – Da hab i mir, weil i doch a bißl kurgemäß bleibn hab wolln, a Wiener Schnitzl bstellt. No ja – 's san halt doch Semmelbrösel drauf.

Da hab i na auf d'Nacht de Nußomlett ganz guat nunterbracht. – I geh no a bißl mit 'n Buzi spaziern, sag i, des Viecherl hat heut no gar koa Luft gspürt. Da ham mir uns dann am Isartorplatz a Maß Bier gleist! – Mei Liaber, dös hat zischt, wia auf an hoaßn Stoa, wia 's nunter is. – Da Buzi hat mi so von der Seitn ogschaut, weil i eahm sunst allweil Wursthäut und Knöcherl zuagsteckt hab. O mei Buzi, hab i gsagt: Du bist fein heraus! Du kriagst des deine beim Schleibinger-Bräu – aber i! – Schaug mi o! I bin a Rohkostler worn. – Vor lauter Derbarmnis mit mir selber hab i mir na drei Dickgselchte zu meiner Maß kaaft! No, so hab i mi halt a Woch lang durchgfrett. Allweil hoamli in andere Stadtviertel auf a Maß oder a Niernbratl ganga und dahoam brav Nuß und Äpfi inhaliert. I hätt ja de Rohkost-Kur net ausghaltn, wenn i mir net dann und wann was zuakumma lassat. – Gestern ham s' mi gwogn! – No, des kannst dir denkn, daß ma von dem Rumrennen in andere Stadtviertel leichter werd. Sehng S', sagt der Zimmerherr, wir sind auf dem besten Weg! Fünf Pfund Abnahme! Gratuliere. Auch die werte Gsichtsfarb is scho gsünder. – Und wia stet's na mit der Verjüngung? hat mei Alte gfragt. Kommt alles, sagt der Zimmerherr! No ja, mir is recht. Woaßt, Xaverl, jetzt hab i de Krise überwundn. Jetzt halt i scho no a paar Wochn Rohkost aus. Guat war's, des Tellerfleisch! Fräulein! Jetzt bringn S' mir no an schwarzn Pressack. Aber sagn S' in der Küch: a schöns Trumm! – Es ghört für an Krankn!»

Die «Geschichte der Blechmusik»

Es war ein ganz niederträchtig, tückisch schöner Tag. – In der gehobensten Stimmung lag ich auf dem Sofa, rauchte meinen Besten und las mit objektivem Wohlwollen den Bericht über den «Kongreß deutscher Schwertschlucker und Damen ohne Unterleib». – Es war in meiner Bude so behaglich, so ruhig, so ... na, stellen Sie sich halt eine recht angenehme, welt- und menschenfreundliche Stimmung vor! Ich hätte meinen besten Feind um einen Taler anpumpen können, so versöhnlich war mir ums Herz.

Da klopfte es an meiner Tür. – Ah, ein Besuch! Ich brachte in Eile das Notwendigste an meiner Toilette in Ordnung und öffnete die Tür. – Als ich sie wieder schloß, stand ein Herr in meinem Zimmer, dessen tadelloser Gehrock, die Bügelfalten, der Zylinder und das feudale Aussehen überhaupt mir einen gelinden Knieschnackler abnötigten. – Er hatte eine sehr imponierende Ledermappe unterm Arm, und mein erster Gedanke war: Aha, das ist der Direktor einer großen Bank oder ein Justizrat, der dir eine zufällige Erbschaft von einigen Millionen übermittelt.

«Ich bin nämlich etwas Optimist, wenn Sie's nicht bereits bemerkt haben sollten.» Instinktiv machte ich eine Verbeugung und lud mit verbindlicher Handbewegung den fremden Gast auf meinen solidesten Stuhl.

Der Herr verbeugte sich ebenfalls mit gemessener Würde und nannte eine Konsonantenhäufung, die, wie mir schien, seinen geschätzten Namen zu bedeuten hatte.

Der Fremdling hatte unterdessen Platz genommen und richtete seinen Kneifer fest auf mich wie ein Fakir, der ein Kaninchen zu hypnotisieren hat. Dann begann er: «Mein Herr, Sie werden es schon oft empfunden haben in trüben Stunden, wenn in uns Zweifel an der Welt im allgemeinen und an der Menschheit im besonderen aufsteigen, da ist es ein Freund, ein Trost, der Balsam in die Wunden gießt – die Musik.»

Auf meine fragende Miene bohrte mir der Fremdling seine Augen noch tiefer ins Gehirn – ich mußte stillsitzen – und fuhr fort:

«Ja, also, die Musik, sie ist der wahre Seelenarzt im allgemeinen, im besonderen aber, wenn unsere Gefühle immer trüber werden, wenn dumpfe Melancholie den Busen durchbebt, wenn stumpfe Resignation, Müdigkeit und Verzweiflung uns erfaßt, da ist es eine schmetternde Blechmusik, die uns wieder aufreißt, zu neuen Taten begeistert und mit Freude erfüllt.»

«Ich weiß», fuhr der Gast fort, «Sie sind ein besonderer Verehrer dieser Art Musik – (ich war sprachlos!) – und darum habe ich mir erlaubt, bei Ihnen als Vertreter des weltbekannten Verlags Huber & Co. vorzusprechen und Ihnen ein Offert auf unser Lieferungswerk in 20 Bänden zu unterbreiten: ‹Die Geschichte des Blechinstruments›, in monatlichen Raten à fünf Mark.»

Er schöpfte Luft. Und ich benutzte diese Gelegenheit, um so energisch wie möglich mein Dulderhaupt zu schütteln. Er quittierte das mit einem liebenswürdigen Lächeln, so etwa wie der Arzt auf die Idee eines Geisteskranken eingeht, und fuhr dann fort:

«Unsere Firma, die erste Europas, hatte schon die Ehre, Ihren hochgeschätzten Herrn Onkel zu ihren Kunden zählen zu können», – mein Onkel starb mit viereinhalb Jahren an den Masern – «wir haben hier» – er häufte vor mir einen halben Zentner Drucksachen auf – «Referenzen von hohen und höchsten Herrschaften, wir ...»

«Erlauben Sie ...», konnte ich geschwind rufen, «ich bin absolut unmusikalisch, ich kann kaum einen Walzer von einer Symphonie unterscheiden ...»

Er wehrte begütigend ab und fuhr fort: «... Wir haben für unser Werk die berühmtesten Leuchten der Wissenschaft diesseits und jenseits des Ozeans gewonnen, wer nur halbwegs» – und dabei betonte er das «halbwegs» mit einer Impertinenz ...» – «wer nur halbwegs zu den Gebildeten gehört, der versäumt nicht, dieses einzig dastehende ...»

«Nein!» rief ich mit dem Mut der Verzweiflung, «ich habe absolut keinen Bedarf, – ich habe auch kein Geld, ich will nicht zu den halbwegs Gebildeten gehören,ich ...»

«... der versäumt nicht», sage ich, «sich diese unsere Schöpfung zuzulegen. Bei den kulanten Bedingungen ist es selbst dem Minderbemittelten ermöglicht ...»

Mein Gast lächelte liebenswürdig und fuhr fort – mir stand der Angstschweiß auf der Stirn –, er sprach von der moralischen Verpflichtung, vom besseren Selbst, vom Kaiser von China, von Abschlagszahlungen, – von Stunden reiner Befriedigung, von Druckseiten und Vierfarbendruck, von Richard Strauss und Huber & Co., von den Kaisermanövern und Erfüllungsorten, von meiner kostbaren Zeit und meiner verwitweten Tante, die auch das Lieferungswerk bestellt, er redete und redete, bis sein Kragen und ich windelweich waren. – Mir wirbelte im Kopf, ich hätte mein Todesurteil unterschrieben, alle Hemmungen in mir waren totgeredet.

Ich unterschrieb apathisch. Er hatte mich hypnotisiert.

«... wenn stumpfe Resignation, Müdigkeit und Verzweiflung uns umfaßt, da ist es die schmetternde Blechmusik, die ...»

Bis zur kühleren Jahreszeit waren die ersten zwölf Bände der «Geschichte der Blechmusik» in meinen Händen. – Mit den ersten sechs heizte ich den Ofen, und auf das Vorsatzpapier der übrigen schrieb ich der Firma Huber & Co. nebst ihrem Vertreter einen Brief, der meinen Leumund erheblich belasten wird.

Seit dieser Zeit mache ich einen weiten Bogen um Herren mit schwarzen Gehröcken, Zylindern, Aktenmappen und feudalen Gesichtsausdrücken ...

Josef

Variationen über einen Vornamen

Der Peperl. Er ist so an der Wende, wo der Ernst des Lebens mit Fibel und Schultafel beginnt. Unterm Naserl ist er immer noch ein bißl feucht, in seinen Hosentaschen sind Schusser, Spagatreste, Stanniolkügerl, Teerbatzen, Semmelbrocken, Bleisoldaten, Fadenspulen, Blechschachterl, Trambahnbilletts – alles, was ein Bub braucht und haben muß. Er wird von seinen Tanten mit Schokolade und Würsteln, von der Hausmeisterin mit Androhung von «Ohrwaschelrennats» und Ohrfeigen bedacht. Die Schokolade verdankt er seiner kindlichen Lieblichkeit, das Ohrwaschelrennats dem Umstand, daß er gern den Kitt aus neu eingesetzten Fenstern kratzt, um Manndln draus zu machen. – So bewegen sich denn auch seine ganzen kindlich heiteren Tage zwischen den beiden Polen menschlicher Wertschätzung; ein entzückendes, reizendes Kinderl und – ein Saubua, ein mistiger ...

Das Peperl. Das Peperl ist sein weibliches Gegenstück – um ein Jahrzehnt an Alter und Weisheit gereift, aber immer noch voll erfrischender Jugendlichkeit. – Sie ist «Wassermadl» – Biermops im Café Imperial, der Liebling alter Stammgäste, der Dorn im Auge der Kassierin. Sie besteht aus einer schwarzen Haarschleife, einem kniefreien Rockerl, das aus wohlgewachsenen Wadln kein Hehl macht, aus Filmaugen und nicht ganz sauberen Fingernägeln, einem gleichfalls von Europens übertünchter Reinlichkeit freien Serviertuch und will natürlich einmal als Pepita Pepitosa zum Kino.

Die alten Herren tätscheln ihr nicht ungern mit väterlichem Wohlwollen auf ihre runde Kehrseite, wenn sie ihnen die falsche Zeitung bringt, die Kassierin sagt giftig «Flitscherl, zsammzupfts» zu ihr, wenn sie ein porzellanenes Bierfilzel zerschmeißt. Am Sonntag geht das Peperl mit seinem G'schpusi, dem Kaufmannslehrling Alois Hinterwimmer, aus. Sie tanzen den mondänen Tanz in Harlaching oder Grünwald, und das Lieblingslied

vom Peperl ist die ethnographisch wie allgemein menschlich auf-
schlußreiche Weise: «Die Mädchen von Java, die sagen nicht
nein!»

Der Josef. Er wiegt zwei Zentner, hat über dem grünbewesteten
Bauch eine Charivari-Uhrkette, am Werktag einen Gamsbarthut,
am Sonntag einen Dreiquartelzylinder. Er ist durchaus staats-
erhaltend und hat für alle Persönlichkeiten und Erscheinungen,
deren Weltanschauung und Lebenszuschnitt seiner Auffassung
entgegen ist, die Charakteristik: Schlawiner! – Am Montag hat er
einen Schafkopfabend, am Mittwoch einen Kegel-, am Samstag
einen Tarockabend. Begleitet ist er stets von einem hundeähn-
lichen Tier mit Namen Waldl. Außerdem trägt er einen Hackl-
stecken und im Winter einen Havelock. In der Deck-Krawatte
trägt er eine Busennadel mit dem Bildnis weiland Ludwigs II. –
Seine Liebe zu «de Breißn» ist begrenzt.

An seinem Namenstag ist er seit der Firmung jedes Jahr pünkt-
lich um halb zehn Uhr vormittags im Salvatorkeller und verweilt
dort bis zur Polizeistunde.

Die Pepi. Sie ist ein älter gewordenes Peperl. Sie ist Wirtsköchin im «Scharfen Ritter», und wehe dem, der mit ihr Konflikte bekommt.

Sie ist Mitglied vom Orts-Jungfernbund; denn der kleine Peperl, den sie einmal gekriegt hat, ist in Augsburg auf die Welt gekommen, und der zählt nicht. In München ist die Pepi Jungfrau.

Oder paßt's Eahna vielleicht net?!!

Noch besser denn als Jungfrau ist ihr Ruf als Köchin. Sie ist die Säule im «Scharfen Ritter». Wirt, Wirtin und Gäste tanzen um sie, und sie regiert sie alle mit dem Kochlöffel. Eine strenge, aber gerechte Herrin.

Die Jossy. Die Jossy war auch einmal ein Peperl. Aber dann hat sie das Mondäne gekriegt und ist eine Jossy geworden. Sie verkauft im Parfümerieladen Mandelstamm die feinsten Seifen und Riechwasser. Glauben Sie, daß man da Peperl heißen kann, wenn man unter *Toska* und *Fleur de reine* und *Eau espagnole* lebt.

Außerdem schon zweg'n der Buidung! Haben Sie vielleicht schon einen Film gesehen, in dem die Heldin «Peperl» heißt. – Glauben Sie, daß zu einer Pagenfrisur der Name «Peperl» paßt. Jossy! – Jossy ist auf die «Elegante Welt» und auf den «Filmkurier» abonniert. Sie weiß nicht mehr, wie man «Loawidoag» ausspricht, obwohl sie in der Quellengasse das Licht der Welt erblickte – als Peperl natürlich.

Sie läßt sich das Wort «Loawidoag» geradezu erklären, wenn sie an einen Kavalier kommt, der Bayer zu sein scheint.

Sie wird immer komplizierter als Jossy, so einfach sie als Peperl war. Sie wird später nur einen aus dem *High life* heiraten, vielleicht einen alten Adeligen, einen Rennstallbesitzer, einen Großindustriellen oder – wenn keiner von denen kommt – doch den Kassenboten Adam Kreppl vom untern Stockwerk.

José. José, als Beppi geboren, hatte später als Joseph Zeidlfinger einen kleinen Ansichtskarten- und Zigarettenladen. Die wechselvollen Zeitläufe von Krieg und Revolution hatten Beppi Zeidlfingers kommerzielle Begabung erwachen lassen und seine «Trans-

aktionen», die er in seiner kleineren Zeit mit dem Handwagl besorgte, vollziehen sich nunmehr mit Eisenbahnwaggons. – Kein Handelsgebiet, das der nunmehrige José nicht schon kultiviert hätte: Briefmarken, Ölgemälde, Autoreifen, Motore, Fettersatz, Kunstleder, Aktien – José hat es erfaßt. Nun trägt er einen langen, stramm in die Taille geschnittenen Mantel, ist glattrasiert und glaubt, mit Bruno Kastner Ähnlichkeit zu haben. An den Füßen, die in ihrer Jugend die abgetretenen Zugstiefel der Nachbarin trugen, sind jetzt zarte Seidenstrümpfe und spitze, modefarbene Schuhe.

José sitzt am Abend in der Exquisitdiele mit seiner Freundin Jossy und bestellt eine *Haute Sauterne*, er hat sich von einem berühmten Architekten eigene Klubsessel anmessen lassen und kauft sich für den Bücherschrank einen Zentner Bibliophiles. Er hat den «Junggesellen» und den «Reigen» abonniert und hält sich ein Motorradl.

Wenn er sich gebildet unterhält, so sind die Eckpfeiler seiner vornehmen Konversation die Wörter «fabelhaft» und «todschick».

Wenn ihn seine Mutter, ein einfaches, altes Frauerl, in Glanz und Gloria daherkommen sieht, sagt sie ein bißchen scheniert und ein bißchen belustigt lächelnd: «O mei! Mei Beppi!» –

J.hris.

93

Der Sepp. Er ist Hausl beim Spornerwirt und hat bei den Leibern gedient. Wirtsmetzger und Schenkkellner, einen Meter fünfundachtzig hoch, Handschuhnummer 12¾.

Er ist für Ruhe und Ordnung da. – Unter dem buschigen Schnauzbart steht ihm – kalt oder brennend – vom Morgen bis in die Nacht eine Virginia (sprich: Vetschina) zwischen den Zähnen, und der Untergang des Abendlandes läßt ihn ganz kalt. Er ist überhaupt nicht so leicht aus der Fassung zu bringen, der Sepp.

Was er tut, das tut er langsam, aber gründlich. Er ist weder Antialkoholiker noch Mitglied der Friedensliga, er sagt: «Mei Maß wann i hab und a Vetschina, na könna s' mi alle mitanand ... Grüaß Eahna Good, Herr Niedermeier!»

Der Leidensweg des Strohwitwers

Stroh-Feuer – Stroh-Mann – Stroh-Witwer. Dieses Wörtchen «Stroh» bedeutet nach allem Vergleich nichts anderes als eine Vorspiegelung falscher Tatsachen, juristisch gesprochen also eine Stroh-Tatsache. Der Stroh-Witwer ist die Attrappe eines Witwers, durch weibliche Empfindung gesehen: ein Trugbild, eine Fata-Morgana von Herrn in sicherer Position und angesehener Stellung in bestem Alter. Sozialbio- und -zoologisch betrachtet ein Amphibium, das weder ins Gewässer der Ehelosen noch aufs Trockene der Verheirateten gehört. Zur Klasse der Junggesellen kann man ihn keinesfalls rechnen, da er nur gewisse äußere Gepflogenheiten dieser Menschengattung und diese nur auf Zeit ausübt. Der Strohwitwer ist selten unglücklich, aber, um gerecht zu sein, nie ganz vollkommen glücklich. Seine Frau ist verreist. Der erste Tag ist für den Strohwitwer nach einem kurzen schnellen Aufatmen fast unerträglich. Hilflos wie ein ausgesetztes Kind bewegt er sich in den vier Wänden, und es fehlt nicht viel, so würde er sich vor dem schwarzen Mann fürchten. Sobald es die Schicklichkeit zuläßt, flüchtet er sich ins Gasthaus, nur um Menschen um sich zu haben. Er kennt seit Jahren das Gasthaus zur Mittagszeit nicht mehr; denn der häusliche Herd hat ihn von zwölf bis zwei Uhr in seine warmen Arme genommen. Jetzt ist das wirtshäusliche Mittagessen eine Sensation für unsern Strohwitwer. Er, dessen Wochen-Menü feststand wie eine Felsenburg, bekommt jetzt eine Speisenkarte in die Hand mit dreißig lockenden Gerichten. Da will er sich nun einmal etwas besonders Gutes tun. Es ist ihm zumute wie einem Sechzehnjährigen, der heimlich mit seinem Taschengeld «erwachsen» spielt und nun großartig bestellt. Rindfleisch mit Beilage. Das hat's nämlich am Montag daheim auch gegeben. Nachdem er die anderen Gerichte gewogen und zu leicht befunden hat, ist er auf den guten Gedanken gekommen, dasselbe zu speisen wie daheim. Wir wollen die ferne Frau nicht kränken. Es hat dem Strohwitwer gut geschmeckt. Denn der Reiz der Neuheit war die beste Beilage zu seinem Rindfleisch. Am ersten einsamen Abend wollte er eigentlich länger ausbleiben als sonst – aber da fällt ihm um elf Uhr ein, daß er vielleicht den Gashahn nicht geschlossen hat, und nun ist kein Halten mehr. Im Taxi rast er heim, katastrophenbang. Aber Gott sei Dank, der Hahn ist zu. Die eindringliche Mahnung der Frau ist nicht wirkungslos geblieben. Der Strohwitwer hat im Unterbewußtsein den Gashahn zugedreht. Am frühen Morgen erwacht der Strohwitwer an der tiefen Stille, die in der Wohnung herrscht. Gleich kommt er in Bewegung auf der Suche nach einem frischen Handtuch. Aber weder Handtuch noch Eier, weder Kaffemühle noch Marmelade ist an dem Platz, an dem er sucht. Seine Frau hat ihm alles genau gesagt. Aber sie muß sich geirrt haben. Die verflixten Schlüssel passen nicht an Schränke und Kommoden. Der Wasserhahn im Bad läßt sich nicht drehen, diese blödsinnige Jalousiemechanik bringt der Kuckuck auf. Der Strohwitwer lernt nun Stück für Stück seine Wohnung kennen, und tausend Nücken und Tücken, von denen er während seiner Ehezeit nichts spürte, dringen wie kleine Teufel auf ihn ein. Er holt seine verblaßten Kenntnisse und Fertigkeiten aus seiner Rekrutenzeit zu Hilfe und putzt seine Schuhe mit Spucke und alten Taschentüchern, weil natürlich dieser blöde Wichskasten wieder weiß die Hölle wo steht. Sein rührender Versuch, das Bett zu machen, erstickt im Keime. Dann klingelt's, und Leute, von deren Existenz er nie geahnt, wünschen ihn in den schwierigsten Angelegenheiten zu sprechen. Da kommen der Kartoffelmann und der Lichtzähler und die Frau, die das Treppenputz-Geld einkassiert, und einstweilen brennt das Fett in der Pfanne an, und der Gasherd bullert so verdächtig. Das Haus wird dem Strohwitwer zum Gespensterheim. Er flüchtet ins Freie und betritt nur bebend wieder seine Schwelle. Aber schon nach einigen Tagen ist unser Strohwitwer leichter im Gewissen geworden, und nach einer Woche sieht sein trautes Heim aus wie der Keller eines Altwarenhändlers. Ein liebliches Geläute wie aus fernen Junggesellentagen zieht leise durch sein Gemüt. Er wendet gewandt den Kragen um, wenn die rechte Seite nicht mehr ganz einwandfrei ist. Er trägt unbekümmert die Ziehharmonikahose, zumal ihm bei dem Versuch mit dem elektrischen Bügeleisen durch einen allerliebsten Brandfleck die helle Sommerhose verziert wurde. Der Strohwitwer sieht im wei-

Kreis

Man blickt weg.

teren Verlauf seiner Strohwitwerschaft mit einer unleugbaren Wärme gutgewachsenen Mädchen im Treppenhaus nach, diskret natürlich und eigentlich rein reflektorisch, er versucht sich in Gesellschaft in der fast verlernten Kunst des Hofmachens und gibt – glücklich, daß es ohne Unfall gelang – einem holden Gegenüber einige Komplimente zum besten, denen ein leiser Kampfergeruch entströmt. Die Freunde haben es nicht schwer, ihn nach einem vergnügten Abend noch in ein Tanzlokal zu verschleppen, und seine Walzerkünste, durch Jahre brach gelegen, versuchen noch einmal ihr Glück. Der Strohwitwer ist bei alledem treu. Er spielt nur wie ein der Gefahr nicht bewußtes Kind an allerlei Feuern. Aber sein Halt bei allen Schicksalen und Abenteuern ist der Gedanke, daß er vielleicht den Gashahn vergessen haben könnte. Er steht wie ein mahnender Finger des Ehegewissens vor ihm und führt ihn aus allen Fährnissen zurück an den zwar verwaisten, aber dennoch trauten häuslichen Herd.

Der Glückstag

Am Sonntagabend geht Alois Scheggl mit seiner Gattin zum Essen ins Restaurant. Sie soll nicht sagen, daß sie nichts vom Leben hat. Man sucht sich einen Tisch, nicht zu nah an der Tür oder Schenke, daß man sicher ist vor Zug. Dann holt Scheggl seinen alten, ausgefederten Zwicker aus dem Futteral, klemmt ihn mit einigen Schwierigkeiten auf die Nase und studiert die Speisenkarte. Er forscht lang und gründlich, bis er doch immer wieder zu dem Entschluß kommt, einen Nierenbraten mit Kartoffelsalat zu bestellen.

Die Zeilen, in denen «Kaviarbrötchen», «Pikante Platte», «Gefüllte Tomaten» und ähnliche Schlangenfangereien stehen, streicht er mit Verachtung.

Seine Gemahlin, anders geartet, mit romantischeren Geschmacksnerven sozusagen, möchte fürs Leben gern einmal so eine «Pikante Platte» haben. Sie will ihren Alois aber nicht kränken, und so bestellt sie denn wie immer eine Milzwurst mit Grösteten. Die «Pikante Platte» hätt auch nicht mehr gekostet, aber sie weiß im voraus, womit ihr Alois das Gericht würzen würde: «Was – so a damisches Zeig magst da du bstelln. Des is ja a Fuatter für Kanarienvögel. – Da möcht i net mit an Schuastersteftn neiglanga.»

Nachdem das Nachtmahl verzehrt ist, langt sich Alois die Zeitungen von der Wand und entzündet, bevor er die Lektüre beginnt, eine Virginia. Beim Zeitunglesen mag er nicht gern gestört sein. – Seine Gemahlin blättert in den illustrierten Zeitschriften, aber mit geringer Teilnahme.

Viele der Buidln erregen ihr Mißfallen.

Da enthüllt etwa eine Dame allzu freigebig ihre Reize und macht Frau Scheggls Brauen runzeln, dort fordert eine hypermoderne Stahl- und Glasmöbeleinrichtung ihr Kopfschütteln heraus. Auch für die neuen Typen von Motorbooten und Segelflugzeugen hat sie wenig übrig. Sie würde das alles gern ihrem Alois mitteilen, aber – wie gesagt – der mag beim Zeitunglesen nicht gestört sein. So klappt sie denn die Journale bald zusammen, faltet die Hände im Schoß, betrachtet das Kommen und Gehen im Lokal, auch was den Gästen aufgetragen wird und hört ein bißchen dem Gespräche am Nebentisch zu. – Das ist seit vielen Jahren ihr Sonntagabend.

Sie läßt ihre Gedanken dabei spielen, zurück in Vergangenes, hinein in Kommendes ... Als ihr Gemahl eine Lesepause dazu benützt, die erloschene Virginia wieder anzuzünden, sagt sie: «Heut hätt i mein Glückstag! D'Frau Riegler hat ma's aus de Blanettn gschlagn.»

«So!» sagt Scheggl, weder sehr ergriffen noch überzeugt von dieser Mitteilung, und wendet sich wieder seiner Zeitung zu.

Da kommt die Losverkäuferin an den Tisch. «Lose gefällig, die Herrschaftn, nehmen S' mir eins ab für den gutn Zweck ...»

Scheggl schüttelt in stummer Abweisung den Kopf. Seine Gemahlin indes heftet ihre Augen auf das Päckchen so sehnsüchtig, daß die Verkäuferin allsogleich sich an die Frau wendet.

«Fünfhundert Mark», sagt sie lockend, «hat vorige Woch oaner rauszogn im Landauer Hof.»

Da holt Frau Scheggl mit scheuem Seitenblick auf ihren Gemahl die Geldbörse aus der Handtasche. «Gebn S' ma halt na

oans!» Jetzt legt Scheggl die Zeitung weg und sagt: «Wia ma nur
's Geld so nausschmeißn ko! Du werst akrat a Glück ham! Hättst
da um des Fuchzgerl Regensburger in Essig und Öl bstellt, hättst
was ghabt» ...

Aber Frau Scheggl läßt sich nicht beirren. Sie hat heute ihren
Glückstag.

Ihre Finger gehen suchend den Losfächer entlang. Dann ent-
schließt sie sich für eines in der Mitte. Vielleicht hat das Schicksal
dieses Losmädchen gerade heute an ihren Tisch gesandt. Fünfhundert Mark! Das gäb ein neues Schlafzimmer. Und wenn's nur
hundert sind: ein neuer Mantel schaut dabei raus und die Wohnung tapezieren ... Aber es sind weder fünfhundert noch hundert. – Als die Frau Scheggl das Los mit aufgeregter Hand entfaltet, steht darauf: «Los Nr. 081973 gewinnt nichts.»

Das Fräulein zieht mit Dank und Bedauern ab, nicht ohne
nochmal auf den Treffer im Landauer Hof hingewiesen zu haben.

Fünfhundert Mark! Das wär das neue Schlafzimmer gewesen!

Selbst der Vermerk auf dem Los, daß man mit ihm um den halben Eintrittspreis in die Mineralien-Sammlung kommt, trägt
nicht dazu bei, Frau Scheggls Enttäuschung zu bannen.

Immerhin: Scheggl legt die Zeitung beiseite und ist angeregt zu
einer Unterhaltung.

Er sagt: Gel, auf dein Glückstag ham s' dir pfiffa!

Sie: ... mit oan Los alloa ...!

Er: Freili, alle nehma ma! 's Gwand tean ma versetzn für dein
Glückstag. Hab dir's ja glei gsagt, was da rauskimmt!

Sie: War für a guats Werk! As Glück is halt unberechnbar. Hast
as scho ghört, im Landauer Hof, bei dem Herrn, hat 's eigschlagn.
Das Glück, hat mei Großmutter selig allweil gsagt, ist eine launi-
sche Göttin. I hätt aa koa Los gnomma, wenn ma's d' Rieglerin net
rausgschlagn hätt, daß heut a Glückstag is.

Er: Laffts nur allweil zu so ara Hexnpantscherin. Weils a so no
net narrisch gnua seids.

Sie: ... I waar mit de fünfhundert Mark glei zum Morasch
ganga. Da ham s' oans in Birke. – So a Schlafzimmer, des waar mei
sehnlichster Wunsch gwesn.

Er: Na nimm nur glei de fünfhundert Mark und schmeiß s' zum Fenster naus. Als ob mir koa Schlafzimmer net hättn ...

Sie: Sagst es ja selber, daß de Matratzn so hart san. – Da hilft as Aufrichtn nix mehr. Und de Bettladn san a altmodischs Glump. Ärgern mi, sooft i s' oschaug!

Er: Na schaugst as halt net o! Zum Oschaugn ghörn s' ja net!

Sie: Is ja wahr aa! Ma konn ja koan Menschn neiführn. Bei Zaglauers ham s' a so a schöns Schlafzimmer. Direkt a Freud, mit an Toalettspiagl und Kastln dro und a büßende Magdalena, wunderbaar, a Ölgemälde über de Bettn und Patentfedermatratzn ... Des hat 495 Mark kost.

Er: Aber solang i was zsagn hab, werd as Geld für solchane Schnaxn net nauspulvert. Fünfhundert Mark, des is a Numro! – Des is a kloans Vermögn ...

Sie: Hätt's ja i gwunna ...

Er: An Pfief hast gwunna! –

Sie: Sei doch net gar so brudall!

Er: Weil's des bei mir net gibt, daß ma in dene Zeitn fünfhundert Mark a so nausfeuert!

Sie: Des hättst na scho gsehng ...

Er: Wos hätt i gsehng! Gar nix hätt i gsehng. Aber du hättst gsehng, wia des Schlafzimmer so gspaßig über d' Stiagn abigflogn waar, mitsamt der Kastltoalettn. Hab i vielleicht gar nix zredn mehr ... San fünfhundert Mark vielleicht a Fliagnschiß?

Sie: ... Des was i gwinn, des is mei Sach. Des geht neamd nix o und di aa net. Amal müaßn ma doch a neu's Schlafzimmer ham!

Er (blauroten Angesichts, schmettert die Zeitung auf die Bank): An Dr... müaßn ma ham!

Sie wendet sich wortlos ab. Sie kämpft mit Tränen. Er aber bemüht sich mit zitternder Hand, die erloschene Virginia zu entzünden. Ein Streichholz nach dem andern bricht ab. – Sie sagt nach kurzer Weile: Der Morasch hätt's uns vielleicht um vierhundertfuchzge gebn ...

Aber er hat sich wieder hinter der Zeitung verschanzt, deren Blätter leise zittern.

Ihre Hände liegen gefaltet im Schoß. Sie läßt die Gedanken spielen, zurück in Vergangenes, hinein in Kommendes ...

... Am nächsten Sonntag wird sie sich doch so eine pikante Platte bestellen. Jetzt grad ... Und ihre Finger glätten sorgfältig die verschrumpelten Buge aus Los Nr. 081973.

Musik

Das Reserl will auf Gesang lernen. – Das Reserl hat es nun einmal mit der Kunst! – Kannst nix macha!

Der Vater Brömeisl, rühriger Butter- und Fettgrossist sowie Viehkommissionär, ist unglücklich über das entartete Kind. – «Mit dera Bluatskunst! – Mit dem Bluatsklawiiir, mit dem verdächtigen! Überhaupts mit dera blödsinnigen Buidung! Mit dem Pflanz!!»

Seine Alte ist grad so übertrieben, so ausgefallen, seit die Familie Brömeisl eine Buidung haben muß. – Mit dem Klawiiir ist's angegangen. – «Bappi», hat sie gesagt, «Bappi, gebuidete Leut ham ein Klawiiir! Da gibt's keinen Zweifi! – Das Reserl muß ein Klawiiir ham, Bappi! – Man muß sich ja direkt scheniern vor de Leut, ohne Klawiiir. Und das Reserl geht in die Höhere Töchterschul und da spielen sie alle Klawiiir. Und in der Tanzstunde, wo man den Boston und den Onestep lernt, spielen auch alle Klawiiir ... Bappi, ein Klawiiir ghört her!» –

Der Vater Brömeisl meint, Zither. – Zither, das ist so sein Gusto. Zither ist die Königin der Instrumente. So recht die Musik für heranwachsende Jungfrauen, meint Brömeisl. Zu seiner Zeit hat man Zither gelernt. «Klawiiir ist eine Kunst für Großkopfete ...» – «Siehgst, Bappi!» sagt triumphierend seine Alte: «Da sagst es selber: es ghört zur Buidung!!» – «Also, zua nachher!» sagt Brömeisl resigniert. Aber er bedingt sich aus, daß das Reserl den »Tölzer Schützenmarsch» lernt – sein Leibstückl. «Herrgottsa! Da liegt eine Schneid drin!» Brömeisl pfeift und schnackelt. – «Dö Musi, mei Liaber! Da liegt was drin!» –

So kauft er halt das Klawiiir. Ein guates Stückl! A feste Arbeit! Alles solid! Sauber poliert! Er untersucht es mit festem geschultem Griff, wie auf dem Schlachthof ein schön unterwachsenes Öchsl. – «Vo mir aus! Lernst halt nachher Klawiiirspuin!»

Das Reserl lernt bei Fräulein Ludmilla Krögemann-Lipplinger sämtliche Tonleitern nebst Zubehör. – Brömeisl fragt nach vierzehn Tagen mißtrauisch nach dem «Tölzer Schützenmarsch». – Er ist einer, der sich nicht anschmieren läßt. – Aber das Reserl sagt: «Es lernt auf höhere Kunst und überhaupts ...!» –
Der Vater Brömeisl schüttelt kummervoll den Kopf. Sein Reserl ist eine ganz Moderne! – Möcht sie nicht neulich eine «Pagenfrisur»! – Kurze Haar über die Ohrwaschl gekämmt! – Weil's die Herzfelder-Selma auch so hat. Weil es die Haartracht der mondänen jungen Dame ist, wo im «Letzten Schick» steht.
Aber da ist ihr der Bappi gekommen! – «Du drapfte Henna, dös untersteh di grad! ... dir gib i na a ‹Pagenfrisur›! ...»
Er ist überhaupt im Zweifel mit der Erziehung. Soll er modern sein und aufgeklärt oder soll er seinem Reserl doch lieber manchmal mit einer saftigen Watschen den «Letzten Schick» beibringen? –
Schick: Marke Brömeisl? –
«Was is mit dem ‹Tölzer Schützenmarsch›?!» –
Aber das Reserl lernt den Glockenfoxtrott und übt am Shimmy. Und der alte Oberstleutnant im Stockwerk über Brömeisl hat es längst aufgegeben, durch Klopfen mit dem Besenstil der musikalischen Entwicklung vom Reserl Kabalen und Intrigen zu bereiten. Der alte Soldat hat die Flinte ins Korn geworfen. –
Und jetzt käm das Reserl mit Gesang lernen! – Der Vater Brömeisl tobt. Er hält nicht viel vom Gesang. Von Sängerinnen gar nichts – nichts von ihrer Kunst – nichts von ihrem Lebenswandel. – Seiltänzerin, Tierbändigerin, Ringkämpferin, Schauspielerin, Dame ohne Unterleib, Sängerin – alles ein Zigeunerwagen! – «Pfui Teufel! A Sängerin!!»
Aber die beiden Reserl, das junge und das alte, geben nicht nach. Die Herzfelder-Selma darf auf Gesang lernen und die Müller-Emilie und das Rosner-Fannerl und die Marta von Geheimrats, und wie das Reserl neulich bei Schwingdoblers gesungen hat, beim Tee, da haben alle gesagt, sie hätt wirklich eine reizende Stimm und es wär ewig schad, wenn sie sich nicht ausbilden laßt! – Und sogar ein Kapellmeister war da und hat gesagt: «Ganz reizend – ganz reizend!» Hat er gesagt.

Also geht halt der Brömeisl mit dem Reserl zum Gesangs-
pädagogen Professor Kobinger-Santaliri und läßt sie prüfen. Kobinger-Santaliri, eine gewaltige Heldengestalt, mit wallenden
Locken, Augen und Brusttönen, ein Mann, von dem die Heirats-
vermittlerinnen mit Recht schreiben könnten, daß ihm der wahre
Seelenadel mit ehernem Griffel ins Antlitz gemeißelt ist, Kobinger-Santaliri prüft. – Er mustert die schwere gold'ne Uhrkette
Brömeisls, die zwei großen Brillantringe und den guten Anzug,
und seine Züge sind wohlwollend, gütig, ja steigern sich bei den
letzten Takten von «Der Lenz ist da» geradezu zur angenehmen
Überraschung.

Das Reserl hat zitternd und piepsig aufgehört, Töne von sich
zu geben. – Der Maestro nickt, stützt das Kinn in die Hand, holt
zu großer Gebärde aus und sagt zu Brömeisl: «Toirer Freund!
Eine ganz purrrächchtige Stimme! Führwahr! Indes, es wäre ein
Verburrrächen an der Kunst, diese Stimme nicht süüstematisch
auszubilden. – Es fehlt natürlich an der Schulung, aber dann ist
Gurrroßes zu erwarten.»

Brömeisl wird schwül. Er sagt zu allem ja. – Wenn er nur
wieder drauß ist! – Lieber Umgang mit Narrischen als mit Kinst-
lern! – Er sagt ja!! Auch zum Stundenhonorar von hundert
Mark. – Er packt sein Reserl zusammen. Reserl strahlt. Reserl ist
selig. – Sie geht gleich zum Photographieren. Mit dem Noten-
heft. Und dann zur Herzfelder-Selma! Die Wut, wenn die hört,
daß das Reserl die Stunde um hundert Mark kriegt. Der Selma
ihre kostet nur siebzig!

Kobinger-Santaliri trinkt ein Gläschen Sherry. «Prrr!» sagt er
zu seiner Frau. «Was heute alles singen will! Es ist zum rrrhasend
werden! – Man möchte schlankweg Kanarienvögel gebären! ...» –
»Warum schickst Du sie nicht fort, wenn sie gar keine Stimme
hat?» – «Liebste! Teuerste! Väter mit Geld haben immer Töchter
mit Stimme!»

Das Reserl singt jetzt. Sooft Vater Brömeisl heimkommt, hört
er das do re mi fa so la si do. Das Reserl macht vor, bei und nach
Tisch Atmungsübungen, daß man alle Augenblick meint, es steckt
ihr ein Brocken im Hals und die Mutter will ihr schon auf den
Rücken klopfen. – Nein. Es war nur ein gehauchtes hhhmmm.

Das Reserl darf jetzt nicht mehr an der Isar entlanggehen, weil der Nebel der Stimme schadet, es darf nicht mehr am Sonntag abend mit in die «Reiskrone», weil der Tabakrauch der Stimme schadet. Brömeisl darf das Reserl nur mehr mit Liebe wie ein weiches Ei behandeln, weil jede Aufregung der Stimme schadet. Brömeisl kann sein Nachmittagsschlaferl nicht mehr machen, denn von zwei bis vier Uhr ist der damische Deifi, der langhaarete Gischbi da zum Duettsingen; derselbige, der auch bei Kobinger-Santaliri auf Gesang lernt. Lyrischer Bariton. Er ist da.

Ja, er ist da, derselbige!

Brömeisl hat ihn von Anfang an mit kühlen, sachlichen mißtrauischen Augen angesehen. – Zu seiner Zeit hat es das einfach nicht geb'n, daß ein junges Mädchen und ein junger Mann allein in einem Zimmer beisammen sein dürfen und Vater und Mutter müssen draußen sein, weil es «zweng der Kunst» ist und moderne Menschen ihre erwachsenen Kinder nicht mehr hüten dürfen.

Wie gesagt: Vater Brömeisl ist mißtrauisch.

«Und allweil solchane Gsangeln, von der Liebe singa s' und von abbusseln und alles mögliche – und vo der Leidenschaft ... Dös ghört si do net! – Und manchmal singa s' überhaupt net – de zwoa!» – Die Mutter Brömeisl sagt: «Sei stad, Bappi! Dös verstehst Du net! Dös san ja nur Lieder von der Liebe und so, zweng der Kunst, zweng der Übung!» –

Mama Brömeisl hat für den Langhaaretn viel übrig. Er gefällt ihr. – Er hat eine Buidung. Er küßt ihr die Hand und sagt schmelzend: «Gnää Frau!» – Von ihrem Alten hört sie höchstens: «Resi! Wo san dö blauen Socka?!»

Der Langhaarete ist ein Kavalier! Er gefällt der Mama Brömeisl. – Sie findet gar nichts, wenn er mit dem Reserl singt ...

Vater Brömeisl sagt: «Wern ma scho sehgn!» –

Und er sah. – Eines Tages erklärt das Reserl, morgen kommt der Herr Zawanowitzki und hält um ihre Hand an. Sie hätten sich nämlich verlobt. Er sei ihr Bräutigam. Der Vater Brömeisl möge den Segen bereithalten. Der Herr Zawanowitzki sei ein großer Künstler! Zwanzig Jahre alt! – Und daß er Schulden hätt, dafür könnte er nichts! – Aber er hätte eine prachtvolle Stimme. Und sei in Tarnopol daheim.

Der Vater Brömeisl saß erst starr auf dem Kanapee. Dann lösten sich seine Gefühle und was er sagte, war so laut und so kräftig und so durchaus jenseits von Kunst, daß die Mutter Brömeisl weinend die Hände rang und flehte: «Aber Bappi! Sei still! Reg dich doch nicht so auf! Was muß der Herr Oberstleutnant denken! Bappi! – Schrei nicht so, Bappi! Ich bitt dich um alles, schrei net so!» – «Jetzt hast as! Was hab i gsagt! Aber kemma soll das Bürschei no amal! Grad kemma! An Ochsenfiesel richt i her, für Euch zwoa! – Geh ma aus de Augn, du Karnallje! – Du bring mir no amal oan her zum Singa! A so mit'm Ochsenfiesel hau i 'n her a so scho!» ...

Das sah nicht nach Segen aus.

Keineswegs. – Das Reserl ging – packte in ihr elegantes Reisetäschen eine Flasche «Eau de Rose», das schöne Lied «Die Liebe glüht», dazu aus der Speisekammer die halbe Schokoladetorte, einen Band Rabindranath Tagore und ihre Saffianmorgenschuherl. Dazu die Nagelpflegegerätschaften und eine Stange Lippenrot. – Dann floh sie zu Stefan Zawanowitzki und von da aus weiter in die Ferne. – Sie hatte ihr Spargeld bei sich, das waren zweitausend und etliche Mark.

Sie wollten sich mit Konzertreisen schon durchbringen. – Der Berliner Schnellzug trug das Paar nach Norden.

Erst hatte ihr Papa die Pagenfrisur verboten und jetzt die Liebe! Was zuviel ist, ist zuviel! – Man ist kein Kind mehr!

«Da hast es jetzt!» sagte Vater Brömeisl, als nach Stunden heftiger Aufregung und Suche Reserls Flucht zur Gewißheit geworden war. – «Der Telegraph spielte», wie es so schön in allen besseren Erzählungen heißt. Mama Brömeisl lag in Weinkrämpfen und schluchzte, sie hätte das von ihrem Kind nie geglaubt und «Er» wäre doch ein so gebuideter Mensch gewesen ...

«Der Schlawiner! Der Bazi!» sagte Brömeisl dröhnend.

«Aber a so geht's mit dem Bluatspflanz! – Mit m Klawiiir is oganga! Hab i's net gsagt, daß 's a Zither aa to hätt? – Die Bluatskunst!»

Der Kriminalkommissar Joseph Binswanger saß im Zug nach Berlin und ergab sich tiefsinnigen Betrachtungen über seine Bestimmung, besorgten Vätern entflohene Töchter wieder einzufangen. Und auch er kam zu dem Ergebnis, daß die Kunst der Polizei viel Schwierigkeiten macht und daß man ohne sie, die Kunst, reibungsloser in der Welt lebte. –

Er brachte nach drei Tagen das Reserl zur Strecke. Zawanowitzki hatte das Weite gesucht. – Die Schokoladentorte war noch nicht einmal ganz verzehrt. – Die Saffianmorgenschuherl waren in der Eile des Aufbruchs im Hotel stehen geblieben.

Joseph Binswanger war auf der Fahrt voll väterlichen Trostes: «Ja, Fräulein! Glaubn S' nur dö Mannsbilder nix! – Alle san s' Bazi!»

In Leipzig nahm Vater Brömeisl seine verlorene Tochter in Empfang.

Er hatte sich fest vorgenommen, in der Empfangsrede den Ochsenfiesel nicht unerwähnt zu lassen. – Aber als er sein Reserl wieder hatte, da konnte er auch nicht so sein ...

Mit dem Singen war Schluß. Als Brömeisl Kobinger-Santaliri den Unterricht kündigte, schrieb der Meister zurück, er hätte ohnehin abgeraten weiterzusingen. – Die Stimme reichte nicht aus ...

Das Reserl hilft jetzt in der Küche mit. – Und lernt für Bappis Namenstag den «Tölzer Schützenmarsch». In einigen Wochen kommt sie dann als Kochenlernerin in das berühmte Hotel zum «Hörndl» und bei Brömeisls verkehrt jetzt der junge Roßhändler Alois Zirngibl. – Er ist nicht langhaarig und hat auch keinen lyrischen Bariton. Er ist ganz unlyrisch, aber mit drei Häusern und einer Million bar begabt.

Vater Brömeisl hat für ihn erhebliche Sympathien.

Auch das Reserl sieht ihn nicht ungern. Freilich: Konzertreisen wird sie nicht mit ihm machen können. –

Aber in Pfarrkirchen läßt er einen Gaul beim Rennen laufen ...

«Dös is aa a Kunst!» sagt Vater Brömeisl.

«Geh zua, Reserl, spui amal an Herrn Zirngibi an ‹Tölzer Schützenmarsch› vor!»

Kostbare Wörter

Bisweilen befinden sich in den Familien, sorgfältig hinter Glas aufbewahrt, kostbare, wenn auch nicht ganz praktische Geräte und Gegenstände, Hochzeitsgeschenke von Freunden und Verwandten, die diese Dinge auch einmal als Hochzeitsgeschenke erhalten haben. Es prangen da silberne Geflügelscheren, die niemand braucht, weil das wenige Geflügel, das auf die Familie trifft, von sechs Köpfen spielend ohne Schere bewältigt wird. Auch hohe Pokale und Humpen sind da, Schützen-, Kegel- oder Sportpreise, aus denen nie getrunken wird, marmorne Tintenzeuge, wie Renaissance-Schlösser anzuschauen, die kaum jemals im Leben Tinte geschluckt haben.

Diese Gegenstände werden durch Gebrauch nicht entweiht. Man freut sich ihrer Pracht und weiß allenfalls aus Büchern oder Gedichten, in denen es furchtbar nobel hergeht, daß aus solchen Pokalen getrunken, mit solchen Geflügelscheren gespeist wird.

So gibt es in der deutschen Sprache Wörter, die auch durch eine gewisse Kostbarkeit vor der alltäglichen Benützung bewahrt sind, ja, die der Zeitgenosse, sofern er nicht dichtet oder Reden hält, mit einer gewissen Scheu vermeidet.

Da ist zum Beispiel das Wort «Haupt». Wir kennen es selbstverständlich von Schule und Lektüre her. Aber würde jemand so vermessen sein, sich anzumaßen, er trüge ein «Haupt»? Für uns Staubgeborene ist der «Kopf» gerade gut genug und die Fälle, daß von den Nächsten diesem unserem Körperteil sogar die Qualifikation «Kopf» abgesprochen wird, sind nicht selten. Soldaten bis zum Feldwebel aufwärts hatten sozusagen nur in dienstfreien Stunden, ganz für sich – streng privat – einen Kopf. Unter ihresgleichen nur einen «Kohlrabi», allenfalls bei Einjährigberechtigung einen Schädel. Es ist hier nicht Raum, auf die vielfältigen, farben- und formenreichen Umschreibungen des Volksmundes und der Verbalinjurie für den Begriff «Kopf» einzugehen. Das Wort «Haupt» ist nicht darunter. Es ist zu Neunzehnteln dem Symbolismus, dem Vergleich vorbehalten, und nur bei ganz feierlichen Anlässen wird es aus dem Etui genommen.

Auch das «Antlitz» ist kein Hausgebrauchswort. Es gibt Tausende von Familien, in denen dieses Wort wohl bekannt, aber noch nie in Rede und Gegenrede vernommen worden ist. Auch hier ist dem Dichter bzw. dem Verfasser von vornehmen Romanen, dem Autor von Sammelwerken oder gepflegten Abhandlungen die Benützung reserviert.

Das Wort «vermählt» und «Vermählte» springt äußerst selten über die Spalten der Zeitungsanzeige ins bürgerliche Leben. Da hat jemand schlicht geheiratet oder ist verheiratet oder es handelt sich um «Verheiratete», – «die Vermählten winkten noch einen letzten Abschiedsgruß zu den hohen Fenstern des Schlosses hinauf, schon scharrte und schnob das feurige Vollblut vor dem Wagen ...» In diesem Zusammenhang natürlich läßt es sich nur «vermählt» sein.

Auch in sehr sinnigen, naturbeseelten Poesien ist man der Wolke, dem Gras, den Winden oder Wellen, oder allen zusammen vermählt, sozusagen in einer Art dichterischer und darum strafloser Bigamie.

Die «Gemahlin» ist schon eher vom hohen Podest herabgestiegen. Der Gruß an die «Frau Gemahlin» ist gang und gäbe und auch, daß jemand von seiner «Gemahlin» mit einem Schimmer ironischer Feierlichkeit spricht, ist häufig der Fall. Dagegen hört man Frauen seltener sprechen: «mein Gemahl», denn einerseits ist ihnen das Wort für die Sache zu kostbar, andererseits haben sie doch zu viel Respekt vor ihrem Gemahl, um ihn ironisch ihren Gemahl zu nennen.

Das schöne, zärtliche Wort «schlummern» ist natürlich nur Elfen, Prinzessinnen, Geliebten und andern ätherischen Lebewesen vorbehalten, allenfalls noch Kindern bis zum schulpflichtigen Alter. Wir andern schlafen in allen Ab- und Tonarten und wenn der (die) Schlummernde von Harfengesang, Wunderlandschaft und Märchenglanz träumt – wir Schlafenden träumen nur von versäumten Bahnverbindungen oder nicht bezahlter Gasrechnung. Schlummern kann man stilvoll nur auf einer Blumenwiese, niemals auf einem Strohsack im Massenquartier, auf der Bank eines Wartesaals 3. Klasse oder an einem Büropult. Da reicht es höchstens zum Schlafen.

«Schreiten» ist für Alltagsmenschen auch keine Tätigkeit. Der Feld-, Wald- und Wiesenmensch geht. «Schreiten» ist etwas für Souveräne, für Präsidenten, für Auserwählte; für die Wochenschau im Tonfilm wird «geschritten». Auch im Bühnenstil, den unsere Väter noch kannten, mußte der Akteur schreiten, erst der Naturalismus hat ein bißchen Stolpern und Beineverwechseln erlaubt und das Gehen sozusagen bühnenfähig gemacht. Zum Ausgleich dafür «schreitet» der Schauspieler nicht selten in seiner privaten Fortbewegung. Auch Kammersänger mit einem Pelzmantel schreiten. Daß in den Balladen der Schullesebücher viel von Schreiten und Streiten gesungen ist, wissen wir. Diese Reime waren oft ruhende Pole in der Flucht der zu memorierenden Erscheinungen.

Darf noch das Wort «weise» erwähnt werden, auch allen bekannt, aber doch sehr selten gebraucht, wenn man jemandem das Attribut zukommen lassen will. Gewiß: «weise» ist die Summe von: gescheit, klug, erfahren, abgeklärt, darüberstehend ...

Und doch sagen wir lieber ein halbes Dutzend Wörter, als daß wir dieses Wort «weise» gebrauchten. Es ist, als ob wir uns genierten, daß im Bereich unseres Horizonts überhaupt so was Seltenes wie ein Weiser vorhanden ist. Ganz abgesehen davon, daß der weiseste Weise bei persönlicher Bekanntschaft ein bißchen Ansehen verliert und bei aller Hochachtung denkt man zuweilen, ob der Stein des Weisen, den er so funkelnd in Ring oder Busennadel trägt, am Ende nicht doch bloß aus Glas ist.

So legen wir denn immer wieder das hochkarätige Wort «weise» in die Schmuckschatulle der kostbaren Wörter zurück und sparen es uns für einen noch Weiseren.

Das Buch der Gegenwart

Es bleibt nichts anderes übrig und wenn ich mir die Zeit dazu sozusagen von der Uhr wegsparen muß: alle, alle haben es gelesen und ich trau' mich in meinem nichts durchbohrenden Gefühle schon gar nicht mehr über die Straße und stammle verlegene Ausflüchte, wenngleich nach der Erkundigung über mein wertes Befinden die Frage hinterhergaloppiert: ... Und was sagen *Sie* zum *«Aufgang des Morgenlandes»?*

Da ist zum Beispiel mein Freund Fritz. Ein geradezu idealer Fußballtorwart, preisgekrönter Radrennfahrer und Amateurboxer von Ruf. Was ich an ihm bis jetzt am höchsten schätzte: er hatte zur Literatur ein so durchaus minimales Verhältnis, um nicht zu sagen gar keines, daß man geradezu vernünftig mit ihm reden konnte. Er konnte kaum ein Schnaderhüpferl von einer Ballade unterscheiden, fragte, ob Futurismus ein Kindernährmittel sei und hatte seit der Schulbank nie mehr was Gedrucktes gelesen als die Sportzeitung. Neulich kommt er zu mir und sucht meinen Bücherschrank durch. – Da steht sonst im obersten Regal mein wertvollster Band: eine Flasche Schwarzwälder Kirschwasser.

«Hier, Fritz», sagte ich, «genehmige dir einen! Ich habe sie jetzt hinterm Ofen verstaut. Du suchst umsonst bei der schönen Literatur.»

Fritze nahm zerstreut einen Schluck und kramte dann emsig im Bücherschrank weiter: «Nein», sagte er, «ich suche heute wirklich nicht die Pulle. Aber du mußt es doch haben! Es ist – ich meine – also» – und nun wurde er doch ein bißchen verlegen – «ich suche nämlich das Buch!» – «Was fürn Buch denn, Fritze?» – «Ja, frage doch nicht so begabt! *Das* Buch eben, den ‹Aufgang des Morgenlandes›. Ich bin jetzt der einzige im Fußballklub, der's noch nicht kennt und da – na: Was sagst *du* eigentlich dazu, zum ‹Aufgang des Morgenlandes›?»

Nun war es an mir, einen Kirsch zu nehmen ...

Und dann ging am Abend Röschen an meinem Arm, die Sechzehnjährige von Rechnungsrats, und wir hatten Tanzpause. (Ich werde da hin und wieder als Tänzer-Ersatz zum Lämmerhüpfen hinkommandiert.)

Röschen fächelte heftig und wir konstatierten, daß es heiß sei – und daß es vor einer Stunde sicher nicht so heiß gewesen sei und daß es in einer Stunde gewiß noch heißer werde. Ja. – – Und daß jede Jahreszeit wieder so was Gewisses für sich habe, das Frühjahr zum Beispiel wäre wesentlich kühler als der Sommer. – Ja. – – –

Und wie merkwürdig es sei, daß man den Wintermantel den ganzen Sommer über im Kasten hängen habe, während das Sommerkleid ... Und ob ich auch Hühneraugen hätte und Französisch nach dem Plötz gelernt ...

Ja – – und dann war unsere sprudelnde Konversation zu Ende und aus – Amen und versiegt. Kein Tropfen mehr! – Und wie wir auch pumpten und pumpten: Ball und Wetter und Jahreszeit – es kam nichts mehr zu Tag. – Ein unliebsamer Engel ging zwischen uns durchs Zimmer. Röschen rang mit dem Geist und sie ließ ihn nicht, es sei denn, er segnete sie. – Und er segnete sie. Sie lispelte freudig bewegt über ihren Fund mit schmachtenden Schokoladetortenaugen: «... Und was sagen *Sie* zum ‹Aufgang des Morgenlandes›?» – –

Und dann fuhr ich in der Bahn. Mir gegenüber zwei gesalbte Jünglinge von höchstem Wohlgeruch mit goldnen Armbändern, seidnen Socken, aber nicht ganz sauberen Fingernägeln: Erst redeten sie sehr sachlich von einem Kind, das zu schaukeln sei, und nach und nach kam ich dahinter, daß es ein Waggon Würfelzucker wäre. – Dann aber befanden sie sich mitten in der Literatur und tauschten Reiselektüre aus: «Pikantes aus hohen Boudoiren» und «Erlebnisse und Abenteuer aus den Amorsälen», hierauf erzählten sie sich etliche Mikoscherien, dann säuberten sie sich mit einem gespitzten Zündholz die Stockzähne und dann besahen sie die Zeitschrift «Feigen», Blätter für galante Kunst. Nach allem gähnten sie ein paarmal laut und vernehmlich, dann steckte der eine «Pikantes aus hohen Boudoiren» in die Reisetasche und fragte über die Schulter: «Ham Se übrigens den ‹Aufgang des Morgenlandes› schon gelesen, Schulze? Det is nu das Buch der Säsongk.« – »Schweinerei?» fragte der andere wißbegierig. – «Ach nee! Politik und so, vastehn Se! Müssen Se lesen! Buch der Säsongk.» –

Und dann war ich bei Urgroßmuttern. Die sieht schon ganz schlecht und liest seit Jahren nur mehr den Kickricki-Kalender und da nur mehr die Bildunterschriften. – Ich will der alten Dame in dem weltfernen Nestchen eine Freude machen und frag sie, was ich ihr aus der Stadt mitbringen soll.

«Mei», sagt sie, «i bin ja a stoaalts Leut. I hob nix mehr zwünschen. I wüßt net was. Aber wennst vielleicht dös selbige Büachl auftreibast, von dem ma so vui hört: Den ‹Aufgang des Morgenlandes› oder wia's hoaßt.»

Mein kleiner Neffe Maxl bekam von mir zum Geburtstag ein schönes Bilderbuch. Es hieß: «Die Geschichte von Hans Däumling», und viele lustige Bilder waren darin.

Einen Tag nachher drückte sich der Maxl verlegen um mich herum. – «Na», sage ich, «Maxl, habt ihr vielleicht die großen Buchstaben noch nicht alle gelernt? Da hab ich das Buch vielleicht doch zu früh gekauft.»

«Nein, Onkel», sagte er, «wir sind schon ganz durch mit dem A-B-C, aber wenn du halt das Buch umtauschen tätst. Ich möcht so gern ein anderes dafür – weil's der Peperl vom zweiten Stock auch hat.» – «So, was denn?» – «Ja – es heißt: ‹Der Aufgang des Morgenlandes›».

Na und da biß ich denn endlich in den sauren Apfel, denn mir schien, ich war wirklich der einzige und letzte, der das Buch noch nicht kannte. Erst wollte ich mir's ausleihen, aber jeder, der davon redete, hatte es selbst von einem andern ausgeliehen und mir schien, als sei es eines der vielgelesenen Bücher, die überhaupt nicht zu kaufen, sondern nur zu leihen sind.

Nach vier Monaten hatte ich das Buch zwar noch nicht geliehen bekommen, hingegen eine Stube voll von Kommentaren, Streitschriften, Broschüren Für und Wider, Auslegungen, Ergänzungen und Gegenschriften zu den Auslegungen und Ergänzungen; und jeden Tag schickt mir der Buchhändler einen halben Zentner neue Kommentarliteratur ins Haus, und wenn ich einmal! – so Gott will – das Werk selbst von Angesicht zu Angesicht erblicke, dann wird es mir sicher ein interessanter Kommentar zu seinen Kommentaren sein.

Haberls großer Tag

Josef Haberl, Oberaktuar, kam dem Schicksal nicht unbescheiden mit Zielen oder Wünschen. Er hielt es dieser dunklen Macht gegenüber mit dem Prinzip, das in der Schule und beim Militär von Kennern immer empfohlen wurde: Nicht auffallen! Er lebte sein kleines, aber unbeschwertes Leben.

Als er in der Mitte der Fünfzig stand, brachte eine böse Grippe Unordnung in sein Leben. Von seiner Krankheit erholte sich Haberl wieder, nicht aber von der Unordnung. Ein kleiner Herzknacks war zurückgeblieben. Seine Amtsstelle wurde vom Sparkommissar eingeschränkt, und er bekam seine Abbau-Verfügung. Haberl war nicht weiter traurig darüber; die kleine Pension genügte für ihn, den Junggesellen. Einen großen Teil des Tages verbrachte er mit der sorgfältigen Lektüre seiner Zeitung, und griff wohl selbst einmal zur Feder, um in der Öffentlichkeit darauf hinzuweisen, daß man Obstkerne nicht auf die Straße werfen soll, oder er rügte jene Leichtsinnigen, die bei kalter Witterung die Straßenbahntüren offenstehen lassen.

Mit größtem Eifer verfolgte Haberl die Personalnachrichten der Zeitung. Wer hier Geburtstag oder Jubiläum hatte, befördert wurde oder gestorben war, der war seiner Teilnahme gewiß. Er kannte aus dem Amt manchen klingenden Namen, dem er nun bei einem solchen Anlaß begegnete. Von Kindesbeinen lebte in ihm die Ehrfurcht vor Titel und Würde. – Er hatte eine wohlgeordnete Kartei angelegt, und eine eigene Abteilung hatte das Schild «Verblichene». Neben der Zeitungsnotiz wurde hier auch die Todesanzeige aufbewahrt. Mehr noch: War eine Bestattungsfeierlichkeit für einen Mann von Rang und Bedeutung angekündigt, so begab sich Haberl zur rechten Stunde auf den Friedhof.

Er legte seinen langen Schoßrock an, trug den Zylinder, das schwarze Plastron und konnte für einen respektablen Trauergast gelten.

Unter den Hunderten fiel einer mehr oder weniger nicht auf.

Haberl stand dann mit ernstem, gemessenem Antlitz unter Exzellenzen, Geheimräten, Generalen und Präsidenten und hörte, ohne zudringlich zu sein, aus erster Quelle, was bedeutende Männer über den Verblichenen im besonderen wie über Leben und Tod im allgemeinen sagten.

Auch vernahm man bei solchen Gelegenheiten diese und jene Meinung oder Neuigkeit aus Politik, Gesellschaft, und man lebte als Trauergast für eine Stunde in der vornehmsten Atmosphäre. Hin und wieder geschah es, daß vor Haberl ein Herr verbindlich den Zylinder hob, weil er einen Bekannten zu erkennen glaubte. – Haberl wurde immer vertrauter und fand sogar den Mut, hin und wieder seinerseits respektvoll vor einem Großen den Hut zu ziehen, als vor einem Bekannten.

Als er eines Tages vom Grabe des Generaldirektors, der Exzellenz Schwingholl, dem Friedhofausgang zuschritt, noch ganz in dem Gedanken an seine Zugehörigkeit, da grüßte ihn ein vorbeigehender Herr. Der Herr wandte sich bei seinem Gruß nach ihm um und verbeugte sich mit respektvoller Verbindlichkeit. Haberl grüßte betroffen und verwirrt wieder. Der fremde Herr trat nun an Haberl heran und stellte sich vor: «Hofrat von Eckheim!» Haberl murmelte im tiefsten verwirrt leise und undeutlich seinen Namen, worauf der Fremde ihm seine Hand entgegenhielt und teilnahmsvoll sagte: «Es war auch für Sie, Herr Geheimrat, ein schwerer Verlust. Erlauben Sie mir, daß ich Ihnen mein Beileid zum Ausdruck bringe.»

Haberl war zu betroffen, um den Mut zur Aufklärung eines Irrtums zu finden. Die Stimme blieb ihm weg. So nahm denn der Fremde sein verwirrtes Gehaben als Zeichen schwerer seelischer Depression und ehrte es durch Schweigen. Sie gingen einige Schritte nebeneinander. Der Hofrat von Eckheim räusperte sich; denn auch er war verlegen und sagte dann: «Ich hatte die Ehre, Ihnen vor Jahresfrist bei Ihrer Frau Kusine, der Exzellenz Schwingholl, vorgestellt zu werden. Herr Geheimrat werden sich meiner bei seinem großen Bekanntenkreis kaum erinnern.» Haberl sah nunmehr keinen Ausweg aus der Situation und stotterte: «Doch, doch, Herr Hofrat.»

Der Hofrat ließ einen schnellen, etwas verwunderten Blick über seinen Nachbarn gehen und wunderte sich, wie sehr der Tod eines doch immerhin nicht allzu nahen Verwandten den Geheimrat angegriffen hatte. Er kam ihm verändert vor. –

«Ein sehr wertvoller Mensch ist mit der Exzellenz von uns gegangen. – Ich hatte das Glück, als junger Rat unter ihm zu arbeiten. Herr Geheimrat kannte ja den Verstorbenen sicher besser als wir alle. Ein Charakter!»

«Ja, ein Charakter», bestätigte Haberl mit umflorter Stimme und nickte voll Resignation. «Man wird schwer Ersatz finden!»

Sie gingen wieder schweigend nebeneinander dem Ausgang zu. Haberl fühlte unter seinem Hut den Schweiß perlen, und sein Fuß ging unsicher auf dem harten Kiesweg wie auf schwankem Moosboden. Am Tor zog der Hofrat den Hut, verbeugte sich nochmal tief: «Herr Geheimrat.» Ein herzlicher warmer Händedruck. Der Hofrat entschwand. – Der Geheimrat Haberl sah ihm noch eine Weile mit starren Augen nach. Dann trocknete er sich die Stirn und spürte, wie seine Knie zitterten.

Er setzte sich auf eine abseitige Bank unter den Kastanien an der Friedhofmauer, und es war ihm, als wenn er eben aus einem schönen Traum erwachte.

Man wird schwer Ersatz für ihn finden ... Er sagte es leise vor sich hin und erschrak vor dem Klang der eigenen Stimme, und es war ein eigenes Glück in ihm. Das ließ sich nicht wegdeuten: Der Hofrat von Eckheim hatte ihn persönlich zum Friedhofsausgang geleitet, und dieser sein Mund hatte hier gesagt: Man wird schwer Ersatz finden, schwer Ersatz für die Exzellenz Schwingholl!

Das meinten Männer wie Geheimrat Haberl, die bei ihrer Kusine, der Exzellenz Schwingholl ...

Haberl griff sich an die Stirn ... Wo war er denn wieder ... Er zog den schwarzledernen Handschuh von der heißen, feuchten Hand. Sein Kragen scheuerte. Weiß Gott, warum der heute so eng war. – Ein Mann saß neben ihm und sagte freundlich: «So einen heißen Tag haben wir schon lange nicht mehr gehabt! Schon lange nicht mehr ...»

Und der Geheimrat Haberl sagte ganz weit weg: «Man wird schwer Ersatz für so einen finden ...»

Dann neigte sich der Aktuar Haberl etwas zur Seite, und seine Linke ließ den Handschuh zur Erde fallen.

Der freundliche Nachbar hob ihn auf und wollte das Verlorene dem Eigentümer geben. Aber der schlief fest und für immer.

Daheim auf dem kleinen Schreibsekretär lag noch säuberlich auf Karton aufgeklebt eine ausgeschnittene Todesanzeige – schon für die Registratur zurecht gemacht:

> ... Se. Exzellenz Heinrich von Schwingholl
> Generaldirektor und Ritter hoher Orden
> schnell und unerwartet verschieden ...

Und darunter stand von Haberls sorgfältiger Kalligraphenhand mit roter Tinte der gewohnte Vermerk: Persönlich anwesend.

Der Greiblvater

Der Greiblvater hob sein Weib aus dem Krankenlager herüber zum alten Lederkanapee und bettete die Frau mit Sorgfalt und Bedacht, wie eine Mutter ihr Kind. In seinem kleinen, schiefen Körper war Kraft und Zähigkeit genug, die kranke serbelnde Greiblin auf den Armen zu tragen, die braun, sehnig und knochig unter dem Flanellhemd herauskamen. Viel mehr als ein Kindergewicht war an der Greiblin nicht dran. Seit Jahren zehrte ein Brustgeschwür an der Frau.

Die Kranke sah vom Sofa aus dem Greibl zu, wie er das Bett aufschüttelte und mit geschickten Händen Leintuch und Kissen zurechtbrachte. – Sie stöhnte leise: «Nix mehr nutz bin i! – ... I geh halt de Leut bloß im Weg um! – Wann i nur sterbn kunnt, Sepp!»

Der Greibl hatte es in den letzten Jahren oft und oft von ihr gehört. Er wandte unterm Schaffen den Kopf zu seinem Weib und sagte mit seiner langsamen Stimme:

«Muaßt nit so sagn, Kathrein! I dermachs leicht.» Und nach einer Weile: ... «I hätt ja neamd mehr ...»

In dem abgezehrten Gesicht der Frau bekamen die Augen einen freundlichen Schimmer.

«... Es werd's dir der Herrgott scho entgeltn, Sepp! – –»

Der alte Greibl und sein Weib lebten im kleinen Mooshäusl. Die Kinder waren in alle Winde fort. Eine Tochter diente weit weg in der Stadt, ein Sohn war in Amerika drüben, zwei hatte der Krieg weggerissen, und eine, die jüngste, war verkommen. – Der alte Greibl tagwerkte im Moos, und wenn er von der Arbeit heimkam, versorgte er den kleinen Haushalt. Er ging auch schon an die Siebzig und hatte einen weißen Schädel.

Man hatte ihn überall gern und wenn er bisweilen ins Dorf kam, um auf der «Gmoa» seine kleine Militärrente zu holen, dann steckte ihm da und dort eine Bäuerin über den Zaun her ein paar Eier, ein Trumm Schmalz, ein paar Nudeln, einen Laib Brot zu.

Der Greibl war trotz schwerer Arbeit und Not um sein Hauswesen immer voll kleiner Späße und Schnurren, und für jedes Lebendige, was ihm über den Weg kam, hatte er ein freundliches Wort.

Tagsüber war seine Kathrein der Nachbarin anvertraut, die dann und wann nach dem Rechten sah. Kam der Greibl abends vom Tagwerk heim, dann war er seinem Weib Mutter und Magd, Arzt und Helfer. Sie hörte kein ungutes Wort von ihm. Hatte sie eine leidliche Stunde, dann machte der Greiblvater seine kleinen Späße, es fielen ihm Wirtshausschnurren von ehedem ein, und er erzählte der Kathrein allerhand von der Welt draußen. Die Kuh vom Zehmer hat verkalbt, am Bahnhofweg will man Laternen aufstellen, und beim Pointner hielten sie Hochzeit.

Zwischenhinein reichte er ihr die Medizin, kochte sich die Erdäpfelsuppe und wusch bis tief in die Nacht hinein das Bettzeug.

Am Sonntag nachmittag aber nahm der Greibl die Stahlbrille aus dem Schubkastl und las, mit braunem Finger den Zeilen nachgehend, was das Wochenblattl von Welt und Dorf zu sagen wußte. Er las es langsam und laut, wie ein Schulbube, dem das Lesen keine leichte Sache ist, aber dafür hatte man länger daran.

Gegen Abend nahm der Greibl die Zither von der Wand und spielte seiner Kathrein mit steifen Fingern die paar Landler und Märsche, die er sich schlecht und recht noch aus den Saiten zusammenklaubte. –

Hatte es die Kathrein erträglich, dann sagte sie wohl mit schwacher Stimme: «Geh, Sepp, dö Hammerschmiedsgselln!» Das war das Lied aus ihren Jugendtagen, aus der Zeit, wo der Sepp um sie, die Kathrein, die Nagelschmiedstochter, «gegangen» war.

Und der Sepp drehte und ruckte an der verstimmten Zither und hob dann mit verstaubter, brüchiger Altmännerstimme zum Spiel zu singen an:

«... Mir samma de lustinga Hammerschmiedsgselln:
Könna hoamgeh, könna dableibn,
Könna toa was mir wölln ...»

Vor etlichen Wochen hatte man die Kathrein begraben. Ein rauher Herbst hatte ihr nur mehr glosendes Licht ausgelöscht.

Der Greiblvater war allein.

Er stand in seinem alten Hochzeitergewand am Grab und wußte nichts zu sagen, als ihm der und jener die Hand gab.

Der Pfarrer hielt eine wunderschöne Red' auf die Kathrein, daß sie ein so gutes Leut gewesen ist und daß sie die Krone des Lebens empfangen wird. Der Greiblvater wischte sich mit dem Ärmel über die Augen. Und als der Pfarrer auch einmal kurz von ihm, dem Mann, sprach, von seiner Gutheit zu der kranken Frau, da sah der Greibl zu Boden. Er war verlegen, auf einmal unter vielen Leuten in einer richtigen Rede aufgerufen zu werden. – Der Pfarrer war fort, und der Greibl betete mit fester ruhiger Stimme mit den andern für Kathreins ewige Ruh ein Vaterunser.

Am andern Tag schotterte er wieder im Werktagskittel das Moosstraßl.

Nun war für ihn der Feierabend Ruhe. Kein Werken, Schaffen und Pflegen mehr, kein Wachen beim kranken Weib.

«Jetzt hat er's do no guat, da Sepp», sagten die Leut: «Es war für sie und für eahm a Erlösung, daß sie gschtorbm is!»

Wenn er heimkam, kochte er sich wie sonst seine Erdäpfelsuppe, und am Sonntag las er sein Wochenblattl. Aber er las es nicht mehr laut. Und die Zither verstaubte an der Wand. – Er wußte nicht mehr, was er in seinen vier Wänden anfangen sollte.

Er hatte Heimweh nach der kranken Frau, Heimweh darnach, helfen, sorgen, zusprechen zu können. – Es war ihm sehr schwer in dem Häusl, wo sie an vierzig Jahr gut miteinander gehaust hatten.

Der Sepp ging etlichemal ins Wirtshaus – aber es hielt ihn da nicht lang – auf seine alten Tag hin gefiel's ihm dort nicht. Er ließ es sein, machte sich überflüssige Arbeit an dem kleinen Häusl.

Traf er Menschen, so war er viel stiller als sonst, und selten mehr, daß man seine alten kleinen Späße von ihm hörte. Der Pfarrer kam ihm einmal über den Weg. Ein fleißiger Kirchgänger war der Sepp nie gewesen. Aber der alte Pfarrer wog die Menschen nicht danach.

«No, Sepp, wia geht's na allweil? Jetzt moan i, kunnt'st a weng ausschnaufa. Es war auf d'letzt do a große Plag mit der Kathrein!»

«Es is nix alloa!»

Einmal fuhr er in die Stadt. Es war schon ein Dutzend Jahre her, daß er die Reise dahin gemacht hatte. Es jährte sich, daß die Kathrein gestorben war. Der Sepp kaufte einen blechernen, schön lackierten Kranz, so einen, wie sie beim Vorsteher auf dem Grab hatten.

Der Sepp und die Kathrein hatten das Stück am Allerseelentag oft bestaunt, als die Frau noch mit auf den Friedhof gehen konnte. So einen sollte sie haben. Er legte ihr den Kranz aufs Grab, und die Kathrein wird sich drüber freuen.

Es war ein nasser, windiger Spätherbsttag. – Der Sepp ging zufrieden heim. Ein bißl müd war er. Das kam von der Reise in die Stadt. «I bin 's Roasen nit gwöhnt», sagte er zur Nachbarin.

Daheim schob er große Buchenscheite in den Ofen und zündete sich die Pfeife an. Bald legte er sie wieder weg, sie schmeckte ihm nicht. Seit die Kathrein den Tabak nicht mehr beizte, taugte er nichts. Kramerzeug nixiges!

Warm war's in der Stube, und um den Sepp war es behaglich. Lang nicht mehr so, wie heut. Er zündete die Petroleumlampe an und langte die Zither von der Wand. Ein paar Saiten waren gesprungen. Er griff etliche Akkorde. Es kam nicht so drauf an.

Und mit seiner Altmännerstimme, die in dem Jahr zittrig geworden war, ein wenig eingerostet und staubig, sang er das Lied vor sich hin. «Mir samma de lustinga Hammerschiedsgselln – Hammerschmiedsgselln ...

Könna hoamgeh, könna dableibn,

Könna toa was mir wölln ...

Könna hoamgeh, – – könna dableibn ...»
Die Zither gab doch keinen rechten Klang mehr.
Niemand mehr war da.
Nicht lang darauf haben sie ihn neben seine Kathrein getragen.

Das Bettstattl

Dem Maler Ulrich Fridwanger hatte ein langes Leben alles gebracht, was es nach dem Glauben der Leute einem Künstler geben kann: Erfolg, Ruhm, Reichtum, Ehren ... Seine Bilder hingen als kostbarer Besitz in den Sammlungen und Palästen der Alten und der Neuen Welt. Das Glück war – nach langen harten Kampfjahren – dem einfachen, stillen Mann nachgelaufen und hatte an einen, dem ein schlichter Sinn gar nicht so danach stand, seine Fülle verschwendet. Nun war er Professor, Geheimrat, Ehrendoktor und Malexzellenz geworden, und sein Name war für den kleinen Mann im Volk einfach die Kunst, der Künstler. In allen Schaufenstern sah man Vervielfältigungen seiner Werke von der Postkarte bis zum Quadratmeterdruck, und längst schon versuchten emsige Epigönchen, das, was bei seiner Kunst Blut und Seele war, mit verschmitzter Geschäftstüchtigkeit nachzukitschen. Der Maler Ulrich Fridwanger hatte sein ganzes Leben lang aus Herzensgrund geschafft, voll Feuer und Liebe zum Werk, zum Leben und Bilden, und trotz Ruhm und Erfolg war sein Schaffen, losgelöst vom Tag und Markt, ein ehrliches Stück seiner Selbst gewesen. Ein langer Weg lag hinter ihm. Viel hatte er gesehen, erlebt, erduldet, erkämpft.

Nun war er müde geworden. Er silberte in die Siebzig hinein und lebte jetzt fern von aller Welt in einem kleinen grünumbuschten Haus in einem stillen Bergdorf bei seiner Tochter und seinen Enkeln, beschnitt die Rosenstöcke, ging den Raupen nach und sah den Immen zu. Er band der kleinen Liesel die blaue Zopfschleife und half dem Maxl bei den schweren «U», daß die Tafel voll wurde, und das kleine Nesthockerl, das Reserl, durfte mit seinem weißen Bart spielen. Des Abends half er der Mutter, die spielmüden Kinder mit List und Scherz und Schabernack zu

Bett bringen und freute sich an dem rosig überhauchten Schlaf der Kleinen.

Die Mutter bettete das Reserl mit huscheliger Sorgfalt ins kleine Nest und strich die Decke glatt. Dabei ging ihre Hand von ungefähr über das kleine Bettstattl, und sie schüttelte ein wenig unzufrieden den Kopf. Ein bißl mitgenommen sieht das Bettstattl aus, sagte sie. Das könnt wieder einmal das Streichen vertragen. Ich muß doch in den nächsten Tagen den Malerwastl kommen lassen.

Der Großvater wandte den Kopf. Er sah das kleine Nest vom Reserl prüfend an. «Weißt was, Bertl», sagte er zur Tochter, «das streich ich dir! Das richt ich her auf den Glanz! Das muß nur nobel aussehen!» Ganz begeistert war der Alte.

«Aber Vaterl! Aber Exzellenzvaterl! Du – und Bettstattl anstreichen!!» – Die Tochter schüttelte sich in komischem Entsetzen. Aber der Großvater wurde warm. «Aber freilich, Bertl! Gleich morgen fang ich damit an! Laß nur die Vevi in der Früh beim Kramer die Farb holen.» Ganz liebevoll gingen seine jungen Augen über die Kanten und Linien des Bettstattls, und die feine Hand führte schon, den Flächen nachgehend, in Gedanken den Pinsel.

«Das machen wir», sagte er nochmal. «Ei, freilich: das soll mir eine liebe Arbeit sein!»

Am andern Vormittag saß die Exzellenz schon im Malerkittel vor dem Bettstattl, und der breite Pinsel ging voll Sorgfalt, Liebe und handwerklicher Kenntnis in die Fugen und Winkel des kleinen Möbels, und dazu rauchte der Alte seinen Kanaster oder pfiff stillvergnügt vor sich hin, so wie er's immer beim besten, frohesten Schaffen an der Staffelei gehalten hatte.

Die Tochter stand dabei und schüttelte lachend den Kopf. «Aber Vaterl! Der Malerwastl kann doch ...» «Nix da! Malerwastl! Selber Malerwastl! Oder glaubst vielleicht, ich kann's nicht grad so?» und drohend zückte er den saftigen Pinsel gegen die Tochter.

Bis in den Mittag hinein saß er am Bettstattl, vergaß aufs Essen und mit ihm die Enkelkinder, die jauchzend um den Großvater waren und immer wieder riefen, sie hätten gar nicht gewußt, daß

der Großpapa so schön malen könnt, und der Maxl schwor bei
Stein und Bein, nichts anderes als ein Maler werden zu wollen und
Bettstattln anzustreichen. Immerzu Bettstattln, und der Großpa-
pa müßt's ihm lernen.

Als er fertig war, da ging er voll Liebe um sein Werk herum,
und alle mußten kommen und es sehen: die Tochter, die Kinds-
magd, die Köchin und der alte Hausl. Und alle waren des Lobes
voll, und die Exzellenz strahlte vor Freud.

«Naa», sagte die Köchin, «naa, Exzellenz, schöner hätt's da
Malerwastl aa net fertibracht!» Und die Exzellenz freute sich über
dieses Lob mehr als über manchen Orden von einst.

Nachmittags kamen Freunde aus der Stadt: Künstler, Gelehrte
und ein abgrundtief gescheiter Professor, der über Bilder schrieb. –
Man saß in der Laube beim Kaffee, und der Kunstprofessor konnte die Rede nicht mehr länger halten, er zergliederte und verglich
und untersuchte den Parallelismus der Palette zwischen den
Frühbildern unseres Meisters und seinem Werk in der Dresdner
Galerie «Dämmernde Welt» und fand mit viel Geist und Wort
die Linien zur neuen Kunst heraus, legte sie klar und entwirrte
verborgene Fäden, – es prasselte nur so von «ismen» und «un-
gen» – indes der alte Maler mit seinen großen grauen Augen in
den Garten sah und damit einer brummelnden Wespe von Blume
zu Blume folgte. Und auf ihr Brummeln hörte er viel lieber als auf
das Plätschern des Kunstprofessors ... «Und an welchem Werk,
verehrter Meister, haben Sie wohl am liebsten gearbeitet, was
dünkt Sie selbst um Ihr Schaffen in den letzten Jahren der Vollendung Ihrer Kunst?» Der alte Maler lächelte fein – es war die
Verlegenheit und leise Abwehr, was um Augen und Mund ging, als
der Gast ihm mit der Kunstsuada so dicht auf die Haut rückte. –
Seine Hand machte eine unbewußte Abwehrbewegung, als wollte
er all das Reden um sein Werk von sich weisen wie einen lästigen
Mückenschwarm. Er sagte in seiner stillen, ein wenig müden, ge-
lassenen Art und nicht sehr bewegt von Frage und Antwort:
«Mein lieber Professor, ich weiß es selbst nicht. – Es ist wohl
wie mit Kindern. Man hängt an allen gleichermaßen. Zorn und
Liebe, Bitterkeit und Freude, Hoffnung und Enttäuschung ist dabei. Manches geht weg und wird fremd, man kennt es nimmer,

versteht das eine oder andere nicht mehr, es gehört der Welt, der Fremde, gehört den vielen ... gehört irgendeinem, indes der Vater ...»

Der Maler brach die Rede ab und sah wieder in den abendlichen Garten.

Es wurde kühl, man ging ins Haus und zeigte den Gästen Bau und Anlage des Landsitzes, denn es war am Nachmittag einmal von Landhäusern und ihrer zweckvollsten Bauart die Rede gewesen.

Man kam auch ins Kinderzimmer. Dort stand das kleine Bettstattl, weißfarbig glänzend, und es duftete noch von Farbe und Arbeit im Raum.

Der alte Maler ging darauf zu, besah seine Arbeit nochmal, wie verstohlen, mit liebevoller Zufriedenheit, und als sich die Gäste schon zur Tür wandten, um wieder auf den Gang zu treten, da stand der Alte immer noch vor seinem Tagwerk, und in seinem Gesicht war ein glücklicher Schimmer.

Der Kunstprofessor wandte sich um und wollte etwas fragen. Da wies der Maler lächelnd auf das Bettstattl und sagte zu ihm: «Sehng S', Herr Professor, mein letztes Werk!»

«... W–wie meinen Exzellenz? Sie selbst ...?» Der Kunstprofessor bekam große, runde, hilflose Augen: «Belieben zu scherzen! Großartig! Der Herr Geheimrat als Anstreicher! Großartiger Scherz!»

«Ja», sagte der Maler, und in seiner Stimme war ein kleiner, fast unmerkbarer Bruch: «... Mein letztes Werk und eins von den glücklichsten ...»

«Finden Sie nicht, Herr Kollege», sagte der Kunstgelahrte auf der Heimfahrt, «finden Sie nicht, der Meister wird jetzt alt – sehr alt und merkwürdig – manchmal sehr merkwürdig ... Also, das mit der Bettstatt ...! Tolle Sache! Eine Anstreicherarbeit nennt er eine seiner glücklichsten! – Toll, nicht wahr ...!»

Landstreicher-Ostern

Zwei-, dreimal waren wir uns im Winter begegnet. Er hatte immer gut ausgesehen und bewohnte eine leere Bauhütte am linken Isarufer, nahe der Föhringer Fähre.

Wir waren beide einmal über die Garchinger Heide gestreunt, im Spätherbst, *ich*, um Luft zu schnappen und Stimmung zu kneipen, *er* auf einem kurzen Abstecher nach Freising zu einem geistlichen Wohltäter begriffen, den er alle Jahre um Allerseelen herum brandschatzte.

Dabei hatten wir uns kennengelernt. Er war ein alter, struppiger Knabe, hatte mir guten Tag gewünscht und sich in Mutmaßungen über einen nachmittägigen Witterungsumschlag ergangen, dabei nicht verhehlt, daß er trotz seiner fünfundsechzig Lenze immer noch eine Maß Bier als eines der höchsten Erdengüter schätze. Auf dieser Basis kamen wir uns näher, er drückte mir ein unglaublich abgegriffenes, blaues Heftchen in die Hand, das, ausgesotten, einen guten Tiegel Fett gegeben hätte: Militärpaß für Franz Xaver Überreiter, geboren 31. August 1848, Beruf: ohne und so weiter.

Er hatte Bazeilles miterstürmt, besaß einen Bruder, der als päpstlicher Kämmerer gestorben ist und noch immer ein bißchen Glanz auf das Landstreicherleben wirft, und hatte seinerzeit bei der Zentenarfeier in München die Elefanten fangen helfen.

Das waren die wichtigsten Daten aus seinem Leben.

Vom Frühjahr bis zum Herbst zog er im Land auf und ab als stiller Beobachter der Zeitläufe, in der rauhen Jahreszeit verbrachte er den «Winter seines Mißvergnügens» in der Großstadt und ließ sich vom lieben Gott ein bißchen Betriebskapital in die Taschen schneien – und ging zum Schneeschaufeln.

In den letzten Märztagen traf ich ihn unerwartet im oberen Isartal.

Wir erkannten uns allsogleich, und er stellte mir seinen Begleiter vor. Es war ein unsagbar ruppiger Schnauzhund, das heißt: Schnauzhund eigentlich nicht, es war eher ein Spitzl, wenn man nicht vielleicht auf einen hochbeinigen Dackel raten wollte, aber dafür hatte er im Körperbau doch zu viel Ähnlichkeit mit einem

Mops. – Na, – es war jedenfalls ein Hund, was mich beschnupperte, und ich blickte fragend auf seinen Herrn.

«Zuagloffa, zuagloffa», sagte dieser mild, und sein Gesicht nahm einen verklärten Ausdruck an, und er wischte mit dem Handrücken über den Mund.

«Sehng S', Herr», sagte er, «dös is mei Osterschinken. Bis dahin werd er grad schö unterwachsen, so wia i's mag, gel Azorl», wandte er sich zärtlich an den Vierbeinigen.

Ich wünschte gesegnete Mahlzeit und empfahl mich dem unheimlichen Paar.

Sie schlugen sich seitwärts in die frühlingsgrünen Büsche. Ich hörte noch ein fröhliches Pfeifen über den Weg: «Ein Jäger aus Kurpfalz ...» Und ich schrie: «Fröhliche Ostern!» in den Wald hinein, dem Optimistenpaar nach. –

Früh morgens fanden ihn die Schulkinder, als sie sich für den Kirchgang ein paar Blumen aus dem Buchenschlag holen wollten.

Die Osterglocken schickten über den Fluß, über die erwachten Wiesen und über träumende, schwarze Äcker ihren Morgengruß.

Da lag er in einer Senkung wie in einem Paradebett, auf weichem, braunem Laub, und um den struppigen Kopf standen schüchtern und blauäugig etliche Leberblümchen.

Auf dem Gesicht stand ein zufriedenes, staadlustiges Lächeln. Mit dem war er aus der Welt gegangen.

Und um den Toten lief ein kleiner ruppiger Hund und bellte ängstlich, klagend. Und immer wieder schnupperte er an den zerrissenen Hosen.

Azorl, der Osterschinken. – Der Doktor sagte: Herzschlag, und an der Kirchhofmauer ruht er aus, der Franz Xaver Überreiter, der Bazeilles miterstürmt hat, einen Bruder besaß, der päpstlicher Kämmerer war, und bei der Zentenarfeier die Elefanten fangen half.

November-Abend

Im Nebel

Es ist um die fünfte Nachmittagsstunde. (Die amtliche Zeitangabe «17 Uhr» will in unserm Vorstellungs- und Sprechapparat nicht recht rutschen.) In die Straßen der Stadt fällt mit der Dämmerung der Spätherbstnebel ein und verkleidet Mauern und Dächer, Fahrzeuge und Menschen, Anlagen und Denkmäler mit dunstigem Schleier. Reizvoll ist es, um diese Zeit zu bummeln, wenn aus dem alltäglichen Bild, aus der gewohnten Realität ein geheimnisvolles Ungefähr wird und vertraute, biedere Giebel, Aufbauten und Kamine am Stadtrand wie düstere Festungen, ferne Burgen, drohende Bollwerke in das Grau steigen. Auto- und Radfahrlichter schweben mit schimmerndem Hof als große und kleine Monde durch die Luft, als dunkle Schatten gleiten die Menschen vorbei, die Trambahn klingelt – ein dunkles Riesentier mit farbigen Augen – aus dem Nebel uns entgegen, Autohupen machen sich wichtig und jedes Geräusch klingt heller an das wachsamere Ohr. Man geht durch das Grau fast wie mit einer Tarnkappe bedeckt, wie ein Märchenmantel ist das Nichtgesehenwerden um uns. Wunderbar wie eine funkelnde Zauberschlucht liegen die Straßen der inneren Stadt mit ihren Hunderten von waagrechten und senkrechten, weißen, roten, gelben, blauen, grünen Lichtreklamen, die im Nebel nicht mehr sachlicher Schrei nach dem Kunden sind, sondern zum Illusionstheater werden.

An der Straßenecke streut die Hängelampe ihr strahlendes Licht über den Obstkarren, daß die Fracht darin wie seltsames Edelgestein funkelt und leuchtet: das Zinnober- und Scharlachrot, das schmetternde Gelb der Äpfel, das mildere der Bananen und Feigen, grün und weiß die Karfiolköpfe, lichtblau das Papier, mit dem der Wagen ausgeschlagen ist, und ein bißchen rubinrot die Nasenspitze des Obstlers, dessen Hände bisweilen aus dem Dunkel ins Licht kommen, magisch bestrahlt wie das hübsche Mädchen, das noch eben blühend im Licht vor dem Wagen stand und jetzt schemenhaft im nebeligen Dämmer verschwindet.

Maroniberaterin

Aus der Feuerung des niederen schwarzen Öferls leuchtet im Hausgang die rote Glut. Der zarte, warme Duft der gebratenen Kastanien kitzelt die Nase. Hinter dem kleinen Herd thront, in dicke Wollschals eingemummt, die Maronibraterin. Vor undenklich langer Zeit ist sie von Italien gekommen. Jetzt spricht sie nur mehr Münchnerisch und hat ihre klangvolle Heimatsprache längst vergessen. Nur mehr ihr welscher Name, ein paar große goldene Ohrringe und vielleicht die schwarzen Augen erinnern noch an den Süden. Ein sprachenkundiger, bebrillter Herr, der eine Handvoll Maroni kauft, spricht sie mit wohlgesetzter italienischer Rede an. Sie schüttelt lächelnd den Kopf und sagt: «O mei Herr, da kapier i nix mehr. I bin scho vui z'lang weg, scho als a ganz kloaner Stutzl ...» Nun wäre es vielleicht gegeben, dem sprachenkundigen Herrn die Antwort zu übersetzen; denn besonders das Wort «Stutzl» hat ihn sichtbar stutzig gemacht. Er scheint kein Einheimischer zu sein, und vielleicht denkt er jetzt darüber nach, wie sonderbar das Italienische von alten Italienerinnen in München gesprochen wird. – Er wird daheim in Rostock oder Kiel ganz bestimmt in einem Dutzend Sprachbüchern nach diesem seltsamen Wort «Stutzl» fahnden.

Zwei Männer mit hochgeschlagenem Rockkragen stellen sich an das Öfchen. «Geld ham ma koans für Eahnere Maroni, Frau, aber a bißl aufwarma möcht'n ma uns.» – Die Maroni-Matrone nickt und schüttet noch ein Schäuferl Holzkohlen in die Glut. – «Ja, stellts euch halt a bißl an d'Seitn hi. – So hundshäuterne Zeitn hab i no net derlebt wie des Jahr. Da geh i do liaber im Sommer in d'Taubeer und d'Butzküah ...» *Lingua toskana!*

Das Jackerl

An der Haltestelle stehen die beiden: Mutter und Tochter, und die Tochter hebt ein ums andere Mal fröstelnd den dünnbestrumpften Fuß und zieht die Schultern hoch. – «Gell, friert's di jetzt, hab i dir's aber gleich gsagt, mit dem damischn Jackerl, des gar net amal übern ... geht. ... War a so a guats Stückl, der Pelzmantel von der Großmuatter, aber du muaßt' n zsammschneidn lassn zu so an Kaschberlfrack, wo hint und vorn net warm halt.»

Die Tochter mit verschnupftem Näschen sagt: «I ko aa net rumlaffa wia a Spitalerin. Hat d'Fanni aa so oans und d'Niedermaier-Anni und alle tragn's jetzt ...»

«Und alle derfrearn si d'Haxn mit deni Spenzerl, mit de damisch'n! Sünd und Schad is um den schöna Pelz, d'Großmuatter drahat si im Grab um, wenn s' des wissat. Und überhaupts bei dem Wetter hätt's dei Wettermantel aa to, na waarst warm beinand. Bei Nacht und Nebi san alle Küah schwarz ...» Die Tochter: «Und wenn nachher der Nebi weg is – na steh i da mit so an Schwammerlbrocker-Mantel ...»

Wenn der Nebel weg ist! – Das Wort tut die Kluft zwischen zwei Generationen kund. – Wer nicht über den Nebel hinaus lebt, der wird es unbegreiflich finden, daß man so einen schönen Großmuttermantel zusammenschneiden kann. Die Mutter sagt nichts mehr. Sie mißt ihre Tochter und das Jackerl mit einem Blick, so von der Seite. Sie denkt resigniert: A so san s' – so san s' – de junga Leut ...

Damals ...

Wir Kinder erlebten damals die schönste Vorweihnachtszeit in der Schreinerwerkstatt. Da kamen wir vom Hof herein aus der Schneeburg, schlenkerten die rotgefrorenen Hände, rieben blaustrahlende Nasen warm, hauchten und stampften und vergruben uns nicht weit vom Ofen weg in den großen Hobelspanhaufen. Da roch's nach Leim und Holz und Beize, im Ofen gloste noch ein behagliches Feuerchen, in den dunklen Winkeln standen schwarz und drohend wie ungefüge Riesen Bretter und Balken, und irgendwo raschelte eine Maus durch die Späne. Vom nachtenden Himmel herab fiel groß und weichflockig der Schnee, und in der Werkstatt brannte – ein Märchenlicht – die Petroleumlampe.

An seiner Bank arbeitete da nach Feierabend der alte Gesell, der Rieglernazi; denn er war daran, ein hölzernes Fahrrad zu bauen. Das Fahrrad lief damals noch an der Spitze der neuzeitlichen Erfindung, und der Rieglernazi setzte als Mann des unentwegten Fortschritts seine ganze Schreinerehre darein, so ein Vehikel aus Holz zu bauen. Er wandte viele Feierabende daran.

Diese Winterabende in der Werkstatt vor Weihnachten waren uns Kindern hohe Feste.

Während da der Rieglernazi leimte und hobelte, maß und klopfte, erzählte er – bisweilen von einem meterlangen Fluch über ein schlechtpassendes Stück unterbrochen – Christkindlgeschichten. Er hatte sie alle selbst erlebt und stand mit dem Christkindl auf du und du, und am schönsten war's wenn er uns erzählte, wie er als Lehrbub in der Christkindlwerkstatt gearbeitet hatte. Was für ein strenger «Moaster» der Niklo gewesen sei und wie ihn einmal der Erzengel Gabriel gebeutelt habe, weil er einem Wiegenpferd einen zu großen Kopf aufgeleimt hatte. – Und wie die kleinen Engelbuben das Leimhaferl halten mußten und dem Niklo zur Brotzeit in Forstenried eine Maß Bier holten und dem Christkindl einen warmen Kaffee, und jedes hätte eine Nudel gekriegt.

Ja, mitten im Forstenriederpark wär die Christkindlwerkstatt gewesen, und wenn er einmal Zeit hat, der Rieglernazi, dann führt er uns hin.

«Nazi! Nazi! Wann ham S' denn Zeit? Wann ham S' Zeit? Morgn – übermorgn?» – Aber da schüttelte der Nazi dann immer bedächtig den Kopf und sagte, man kann nur hin, wenn eine recht stockfinstere Nacht ist, aber da müßt man so aufpassen zweng dö Wildsäu, die jeden Menschen auffressen, und ihn selbst hätten sie damals auch einmal schon beim Krawattl gehabt, als er mit den Englbuben das Bier holte. Aber da wär zum Glück der Niklo dazu gekommen und hätte mit der Rute die Wildsäu furchtbar durchgeprügelt ... Ja, so war's, Kreuzbirnbaumhollerstaudn! Aber jetzt müßten wir zum Essen hinauf, sonst schimpft der Vater.

Da saßen wir – mit großen runden Augen im Hobelspanhaufen und hörten zu ...

«No a bißl weiter, Nazi! Grad no a Bröckerl.» O wie wohlig schauerte es einem in der Geborgenheit der Werkstatt vor den Wildsäuen und wie gehörten dem tapferen Niklo unsere Herzen, der die Untiere so verdrosch. Und wie stand der Rieglernazi in der Gloriole der Petroleumlampe vor uns, übers Irdische hinauswachsend ...

Und kurz vor Weihnachten, wenn wir uns wieder einmal in den Spanhaufen hinweinwühlten – «da – Nazi! Da schaug her! Nazi!» Da lagen Äpfel und Nüsse drin und für jeden ein geschnitzter Kasperl, ein Wagerl, eine Puppe ...

Und der Nazi tat schwerhörig – wandte sich dann verwundert um, visierte noch ein Stück Holz gegens Licht und kam dann langsam näher.

«Meiner Seel!» sagte er, «Kinder, da is as Christkindl dagwen! – Ko net anders sei! – Wia i vor a Viertelstund in Hof naus bin, da is mir scho a so gwen, als wenn ebbas durch d' Werkstatt fliagat.»

Und dann lachte der Alte mit dem ganzen Gesicht und bewunderte unser Sach. – «Naa, is dös aber schad, daß mir's Christkindl auskemma is! Dös hätt mi no kennt! Gwiß aa no hätt's mi kennt!» – Ja, war das schade, daß es dem Rieglernazi auskemma war ...

Und in der Petroleumlampe zuckte das blaue Flämmchen, und hinter den Bretterstapeln und Hobelbänken, die da ins Dunkel wuchsen, war's wie leises Flügelrauschen vor Weihnachten.

Umgang mit Steckenpferden

Da steht nun unser gutes Arbeitspferd. Bei dem einen rund und schwer, bei dem andern knochig und mager, da schlankbeinig und trainiert, dort behäbig und ein bißchen rassengemischt. Wir füttern es, wir putzen es, spannen es ein und aus, aber fast immer mit leisem Seufzer, mit gewohntem, mehr oder minder gleichgültigem Handgriff, manchmal kriegt es einen freundlichen Klaps auf die Kruppe und manchmal an widerspenstigen Tagen ein erleichterndes Flüchlein.

Nebenan in einem kleinen Verschlag von blitzendem Komfort aber steht unser Steckenpferd. Was die Sprache an zärtlichen Worten hat, wird ihm zuteil. Immer wieder stehlen wir userm braven Arbeitsgaul eine Handvoll Hafer, wir putzen das Steckenpferd dreimal so lang und beim geringsten Anzeichen von Verstimmung holen wir den Tierarzt.

Was unser Steckenpferd auch fallen läßt – es sind goldene Äpfel für uns. Wir tummeln das muntere Tierlein nach Feierabend und Sonntag in der Manege und haben eine helle Freude, es unseren Freunden und Bekannten vorzustellen. Der Herr Oberlandesgerichtsrat stellt seine Zinnsoldaten auf, der Geheime Medizinalrat bastelt an seiner Uhrensammlung, der Buchhalter malt Pfirsiche mit dem grausamt'nen Reif, den keiner so hinbringt, der Prokurist dichtet Schnaderhüpfel, der Dichter hat Kummer, daß in seiner Briefmarkensammlung der Rote Zehner von Schleswig-Holstein fehlt, und der Maler will in diesem Jahr noch den einarmigen Handstand fertigbringen.

Niemand ist ohne Steckenpferd. Es ist das noble Luxusgeschöpf der großen und kleinen Leute und unser aller Lieblingstier. Es ist – mehr noch als der Magen – der Weg, durch den alle Liebe geht. Streichelt das Steckenpferd! Da ist der finstere Generaldirektor, dessen Höhle durch zehn Sekretäre bewacht und verteidigt wird. Bringen Sie ihm ein Millionenprojekt, die Zusammenfassung aller europäischen Wasserkräfte, die Entdeckung von Radiumlagern oder die Geheimakten des Konkurrenz-Trusts – der Herr Generaldirektor ist leider durch eine Sitzung in Anspruch genommen. Aber schreiben Sie ihm einen Brief, wie außerordentlich interessant Sie seinen Beitrag über «Eßbare Knollenpilze» im «Schwammerlfreund» gefunden haben, und ob Sie sich darüber nicht nähere Aufklärung holen dürften – gleich springen alle Türen auf.

Lassen Sie sich nicht einschüchtern, daß die gefeierte Sängerin von einem Wall prominentester Verehrer umgeben ist. Sie haben den Schlüssel zu ihrem Herzen: einen kleinen chinesischen Porzellanpudel von der Sorte, die sie leidenschaftlich sammelt. Der berühmte Minister und Staatsmann wird Ihnen kein Wimpernzucken schenken, wenn Sie sein Schutz- und Trutzbündnis mit Andalusien bewundern. Sagen Sie ihm, daß der Greisenhaar-Kaktus Nummer siebzehn auf der Austellung der schönste war. Er wird strahlen. Denn er ist aus seiner Zucht. Und wenn Sie erst dem großen Philosophen mitteilen, daß er eigentlich noch vielmehr der geborene große Laubsägekünstler ist – dann haben Sie für ewig in der Philosophie einen Stein im Brett. Unsere eigenen Steckenpferde verlangen schon viel Zucker. Aber nicht genug

Zucker kann man den Steckenpferden der andern geben. Das Wort am rechten Ort: An Ihnen ist ein großer ... (Passendes einzusetzen) verlorengegangen, wird stets wie eine edle Auster geschluckt. Denn an jedem von uns ist irgendein großer ... (Passendes einzusetzen) verlorengegangen. Es ist der Grund, warum so viel in der Welt vermurxt wird.

Niemals aber sage man zum Nächsten: «Haben Sie, Verehrtester, noch nicht bemerkt, daß Ihr Steckenpferd aus Holz ist?»

Das Sparschwein

Mein Neffe ist auf Besuch da. Als Onkel hat man moralische Verpflichtungen. Es ist ein zeitraubender und anstrengender Beruf. Man muß Beispiel und Vorbild sein. Man muß in der Schule lauter Einser gehabt haben, man muß als Kind *zwei* Teller Schleimsuppe gegessen haben, man darf niemals über Stiegengeländer gerutscht sein, man muß aufs Wort gefolgt haben, man muß jeden Pfennig in die Sparkasse gelegt haben.

Nicht wahr, man darf doch die Mutter des Neffen nicht Lügen strafen, wenn sie sagt: «Als Onkel noch klein war ...»

So, eine nachträgliche Kostümierung mit dem Kleid des braven Kindes ist nicht so einfach. Namentlich, wenn's der Neffe nicht glaubt. Aber man muß ein sittsames Kind gewesen sein von Onkels wegen.

Manchmal unter vier Augen reißt mir ja des Neffen Mutter die Maske vom Gesicht und schimpft mich windelweich.

So, als ich dem Neffen die Schleuder gemacht habe, an der das Küchenfenster verendete, als wir eine tote Maus in den Waschkorb legten, als wir Neger spielten und uns mit Ruß anstrichen ...

Da sagte die Mutter: «Du verdirbst den Buben durch und durch.»

Na, da nahm ich mich denn ordentlich zusammen und spielte wieder beim Mittagessen: Als Onkel noch klein war ...

Aber mein Neffe hat dafür nur mehr ein Augurenlächeln.

Na, ihr sollt einmal sehen, daß ich ein pädagogischer Musteronkel bin! Ich brachte abends eine Sparbüchse für den Neffen heim. Ein schönes tönernes Schwein mit einem Schlitz am Rücken. Ich hielt meinem Neffen dazu eine salbungsvolle Rede über den Segen der Sparsamkeit, redete Brusttöne, und seine Mutter sagte gerührt: «Als Onkel noch klein war ...»

Der Neffe war betroffen, und in seiner unschuldsvollen Seele keimte der erste Ekel vor der Falschheit der Welt. «So», sprachen seine Augen zu mir, «so einer bist du!»

Na, und dann wurde gespart. Wir legten jeden Pfennig, jeden Nickel in das Schwein, schepperten beglückt damit durch die Wohnung, und ich erzählte, daß ich, als ich noch klein war, mit so einem Schwein hundert Mark erspart hätte. – Denn was einmal drin sei, ginge nicht mehr raus! «Hm», sagte der Neffe. – Und ich lehrte ihn schöne Sprüche: Spare in der Zeit, so hast du in der Not. Wer den Pfennig nicht ehrt, ist des Talers nicht wert. Und nicht mehr so anstößige Verse wie:

I möcht grad wissen, wie dös waa,
Wenn ma a jungs Madel a Bußl gaa.
's müaßt grad sei, wie wenn ma Zuckerzelteln fraß
Und dabei in an Schmalzkübel saß.

Ein Sinnspruch, der des Neffen fromme Tante wechselweise die Scham- und Zornröte ins Gesicht trieb.

Aber jetzt war alles gut.

Bis dieser Neffe, dieses Karnickel, beim Buchbinder eine Kapselpistole entdeckte, eine Repetierpistole mit 50 Schüssen. Sie gefiel uns ausnehmend gut.

Wir nahmen das Sparschwein vom Kasten.

«Nicht, Onkel, bis hundert Mark drinn sind, das dauert doch recht lang!»

«Ja», sagte ich, «ich glaub, hundert gehen gar nicht hinein.» – «Na also», frohlockte der Neffe. Und er erbat sich mein Taschenmesser. Ich drehte mich gewissensbeschwert um. –

«Onkel, es geht nicht raus.»

Ich riegelte die Tür zu. Nahm noch einen letzten schwachen Anlauf mit dem Brustton: «Ja, mein Lieber ...» Dann holte ich eine Stricknadel. Es war eine aufregende Stunde, bis wir so Nickel um Nickel herausangelten. Langsam ging's. Der Schweiß perlte von den Stirnen. – Draußen hörte man eine Stimme. «Mama!»

flüsterte der Neffe warnend. Na, was soll ich sagen: Wir haben das Schweinchen in der Angst schwarz geschlachtet. Es waren zwei Mark dreizehn Pfennige darin.

Die Kapselpistole knallt schon lustig in die Migräne der Tante hinein. Ich sagte zur Mutter: «Ja, als wir gerade einen Markschein in das Schwein hineinsparen wollten – und da ging er nicht hinein – und ja – da ist dann das Schwein auf den Boden gefallen, nicht wahr ...»

«Halunke», sprach sie und wandte sich ab.

«Hörst du!» sagte ich streng zu meinem Neffen.

Kreis.

Ein Festabend ist vorbei

In der letzten Straßenbahn nimmt die festliche Familie Platz. Der Vater ist von einer aufgeräumten Zufriedenheit, daß alles vorbei ist, so wie jemand vom Zahnarzt heimwärts fährt. Er sagt es auch gerade heraus, in einer gewissermaßen symbolischen Fassung: So, d e r Kaas waar gfressn!

Die Mutter ist ein bißchen müde. Sie klopft mit flacher Hand diskret und zärtlich ihr Gähnen in den Hals zurück, die Tochter blickt sinnend vor sich hin, sie weilt anscheinend noch im Festsaal. Unter der zotteligen Pelzjacke quillt ein himbeerfarbenes Abendkleid etwas zerknautscht und zerknittert auf den fahrscheinbedeckten Boden.

Die Tochter betrachtet stirnrunzelnd und mit leisem Mißmut ihren schwarzen Seidenschuh, auf dem kräftige Spuren von einem Tritt zu bemerken sind. Nun wendet auch die Mutter diesem Schuh ihre Aufmerksamkeit zu. Sie sagt: «Der hat dir de guatn Schuah schö hergricht! Des is a solches Vergnüagn, mit so oan tanzn ...»

Die Tochter: «Kann ma aa net naa sagn, wenn er oan angaschiert!»

Der Vater: «No des waar ja a schöne Beleidigung. Sollt holt selber so vui Eisehng ham, wann er net tanzn ko! Soll de junga Madln in Ruah lassn. Hocka gnua alte Schesn rum, de froh san, wenn s' aa amal oaner holt. (Zur Gattin): Di hat er net angaschiert ...»

Die Frau (verschnupft): «Moanst, i laß mir gern auf de Füaß rumsteign!»

Der Vater: «Gsunga hat er ja net schlecht. Das Rheinweinlied oder wia's hoaßt, hat mir ganz guat gfalln. Sollt si ausbuidn lassn.»

Tochter und Mutter: «Aber blamiert hast uns du aa wieder schön. Mit deine Regnsburger! Grad abschäln muaßt as, wenn er im piano drin is. Mitn Messer rumspektakeln!»

Der Vater (entrüstet): «Freilich, kalt wern laß i's, wegn den sei Gschroa!»

Die Tochter: «Alle Leut ham hergschaugt. Der Haberl hat Bst! Bst! to.»

Der Vater: «Der Haberl ko mi mit sein Bst! Bst!»

Die Mutter (verlegen empört): «Geh, sei doch net gar so ordinär. (Leise): Muaß ma si ja vorn Schaffner schaama!» – Die Tochter sieht angelegentlich nach rückwärts durchs Fenster.

Der Vater: «Brauchat si gar net aufmanndln, der Haberl. Der moant scho, weil er Vorstand is. Ham s' halt grad koan Dümmern gfundn! Was der für an Schmarrn bei der Begrüßungansprach zsammgred hat. Lauter Kraut und Ruabn durchanand. ‹Der Geist der Zeit ist an uns nicht spurlos vorübergegangen›, sagt er. Er aa: ‹... Spurlos vorübergegangen!› Solchane Krampf. Wenn i 'n net kennat! Der soll nur grad sei Mäui haltn mit sein Bst! Bst! – Zvui Muskat war in de Regnsburger drin. Des konnst dem Metzger net ausredn. Sunst warn's ganz guat zsammgarbat.»

136

Die Tochter: «Jetzt de Schauspielerin, de wo den Prolog vortragn hat – –»

Die Mutter (mißbilligend): «Hat ma ihr aa okennt.»

Die Tochter: «Aber sehr schön hat s' n aufgsagt.»

Der Vater: «Werd aa schö zahlt dafür.»

Die Tochter: «Mei, hätt i da Angst, daß i stecka bleibat.» –

Die Mutter: «Des san de Leut gwohnt, de kenna da koa Scheniern.» – Die Tochter: «An ganzn Busch Nagerl hat ihr na der Voglbach zum Präsent gmacht. Aber de blondn Haar von dera Schauspielerin warn aa net echt.» – Die Mutter: «Und a so brennmager war de scho! Waar gscheiter, sie hättn ihr statt de Nagerl an Niernbratn spendiert. Waar ihr vielleicht liaber gwen.»

Der Vater (belehrend): «Bei so an Vortrag kummt halt alles auf de Betonung o! De Betonung muaß a solchane Schauspielerin heraus ham. Wenn's de Betonung ko, na hat sie's gwunna!»

Die Mutter: «I sag halt doch: a Schauspielerin bleibt a Schauspielerin. Da hörst selten was Guats von so oaner! Da kummt a jede ins Gred. Solids is des nix.»

Der Vater: «Konn uns ja gleich sei!»

Die Tochter: «Wenn oane Glück hat, de konn reich wern dabei! Hast es net glesn von dera Greta Garbo?»

Die Mutter: «Geh zua, mit dem Reichsei! So oane verbutzt ja doch alles wieder. Sparn könna de net. Des is das Künstlervölkchen. Des san Zigeiner!»

Die Tochter: «Hast d'Kugler-Steffi gsehng, Mami. De hat's wieder amal wichtig ghabt mit ihrn neun Ausverkaufs-Fahndl! Sie muaß natürli d'Loos verkaffa! Des paßt ihr so. De Herrn recht saudumm osäuseln! Da werd sie si aa koan derangeln ...»

Der Vater: «Hat si der Herr Vorstand doch den Schinkn rauszogn bei de Loos. Des is doch aa a merkwürdiger Zuafall. Bst! Bst!, sagat des Rindviech zu mir. Aber zum Schinkenrausziagn da is er net z'dumm!»

Die Mutter weist auf das Paket in der Tochter Hand: «Und was ham mir gwunna? A Gipsfigur! Steht a so scho so vui Glump dahoam rum!»

Der Vater: «Da Richard Wagner sollt's sei!» – Die Tochter: «Der is net. Der hat a ganz andere Haubn.» – Die Mutter: «Der Voglbach hat gsagt: Der Dichter Dante is!»

Der Vater: «Is gleich, wer's is! Stellst as halt auf'n Kommodkastn. Vielleicht könna ma's aa amal wem zum Präsent macha. Gibt si scho a Glegnheit. – Stachus san ma scho, Stachus! Also packts eure siebn Zwetschgn zsamm!» – Die Mutter (gähnend): «'s Bett is mir as liabste jetzt.»

Die Tochter (beim Aufstehen das Kleid ordnend): «Und an Volant am Rock hat er mir aa no abtretn – i kunnt eahm glei de ganz Gipsfigur an Kopf schmeißen, dem ...»

Und von nerviger Hand geführt, fällt die Schubtür hinter der Festfamilie krachend ins Schloß.

Er war im Konzert

Der Lebzelter Wimbichler am Stammtisch «Starenkobel» im «Weißen Bräu» sieht wieder einmal auf die Uhr: «Wo er nur bleibt, der Brömeisl. Sunst is er do allweil der erscht? – Werd eahm doch nix zuagstoßn sei! Mit dem Verkehr übereinand bist ja as Lebn nimmer sicher!» – «Geh, wo werd eahm denn wos zuastoßn als an ausgwachsnen Großstadtbürger.» «No, es kann oan allerhand passiern: Vielleicht hat er noch auf d'Nacht Bsuach vom Land kriagt, oder an Durchfall, oder was halt plötzlich kommt ...»

Da erscheint auch schon Brömeisl unter der Tür. – Feierlich, im schwarzen Gehrock und mit Regenschirm – wie am Veteranen- und Kriegerjahrtag.

Er wischt sich mit dem roten Schnupftuch die heiße Stirn, stellt die Gummiröllchen auf einen freien Stuhl und sagt mit dem scheuen, verlegenen Blick, mit dem jemand vor guten, anständigen Menschen ein Laster bekennt: «I war im Konzert – – –. I hab müassn!» Setzt er gleich entschuldigend hinzu, als er in die verdutzten Gesichter der Stammtischfreunde blickt.

«Nämli, des is so kommen: Bei uns im Haus wohnt doch a Zimmerfräulein, d' Fräul'n Claudia – solchene Nama gebn's de Kinder – und de studiert doch auf Klavier. – Und weil mei Frau schon a paarmal den Reisekoffer von der Fräuln Claudia z'leihn gnomma hat – no ja, ma woaß ja, wia d'Weiber san – ma kummt ins Ratschn – amal war's na beim Kaffee da – kurz und guat: Verpflichtunga hat ma halt nachher. Gestern kummt das Fräulein Claudia und sagt: Sie hat im Mozartsaal a Konzert, und da is a Kartn – kost nix – mir solltn higeh. – Da hast as! – No, des san natürli Weibergschichten: Konzerte und so weiter, und mei Alte waar ja aa ganga – Aber nachher hat's in der Fruah ihr Ischias kriagt, und jetzt hat's mi troffa! – da konn ma net aus – sonst waar d' Beleidigung ferti – und wer woaß, ob mir den Reiskoffer net doch no amal braucha? – Also – i muaß halt dro glaabn an des Bluatskonzert. – No, denk i mir, trinkst halt a paar Halbe dazu. Vielleicht kost as Bier in dem Mozartsaal a Fünferl mehr – liegt mir nix dro! Wenns Bier guat is ...

Wia i hikumm, gibt's koa Bier. – San de Plätz wie im Theater der Reihe nach dagstandn. – I war der erschte. Ziemlich lang bin i alloa gsessn, na is no a halb's Dutzend junge Madln kumma, Kolleginnen von der Fräul'n Claudia, und ihr Herr, mit dem wo s' geht, war aa da und a paar Freund von eahm. Und a Stucker zehn, zwölf andere Leut, wo i net kennt hob. Auf d'letzt is no unsere Hausmoasterin, d'Frau Schwankl, kumma! No, da hab i na wenigstens a Ansprach ghabt!

Aber sunst war's ganz leer in dem Konzertsaal. A schöner Abend is heut abend aa no, da gengas doch liaber auf'n Keller, wenn oaner koan Stammtisch hat. Da geht ma doch liaber in d'Natur als in an solchn Saal, wo's no koa Bier aa gibt. Ham S' wenigstens koa Flaschenbier? hab i den Diener gfragt. – Aber net amal des ham s' ghabt.

Auf der Bühne is a Mordstrumm Klavier gstandn. Wia 's oganga is, is d'Fräul'n Claudia beim Türl raus: Sauber ozogn. – Obn ganz weni, – unt aa net viel, guat beieinand mit'm Gstell und mit'm Gwand! – Und na hat s' Klavier gspielt. – Aber net daß glaabst, jetzt hätt ma wenigstens a bißl was von der Musi ghabt! Koan Marsch, koan Walzer, koane schneidign Stück! – Koan Lohengrin und koan Schafflertanz! Grad neighaut hat s' auf ihr Klavier, und grad gscheppert hat alles.

Wia's erste Stück gar war, ham alle fest in d'Händ klatscht, no, na ham mir uns aa net oschaugn lassn, i und d'Frau Schwankl, und ham halt aa fest mitpatscht. – Schließli war's doch aa große Gfälligkeit, daß s' allweil ihrn Reiskoffer herleicht.

So is zwoa Stund fortganga, und am End warn ma ganz damisch, d'Schwanklin und i. – Oaner von de Herrn hat ihr an Rosenbusch naufglangt, und alle ham s' wieder klatscht.

Mir natürli aa net zweni! Wia i an der Gadrob mein Regenschirm hol – kommt d'Fräul'n Claudia her und sagt: No, wia hat's Ihnen gfalln, Herr Brömeisl? – Großartig, sag i, – ausgezeichnet ham S' gspielt! Schad, daß mei Frau net ghört hat. – Da ham S' a guats Klavier, sag i, des geht ja wie gschmiert.

A schöns Stückl, des Klavier, des kann hübsch was kostn. – No, so hab i ihr a paar nette Wort gsagt. Und d'Frau Schwankl hat aa gsagt: Allerhand, Fräul'n Claudia! I glaab, i könnt so was nie derlernen! –

Und dabei hat sie' allweil vom Kopf bis zum Fuaß gmustert. Und wia ma hoamganga san, sagt d'Schwanklin, ob i glaab, daß ma zum Klavierspieln an so an kurzn Rock braucht, wia d'Fräul'n Claudia.

No, sag i, was wolln S' denn, des war ja no des allerschönste an dem Konzert. – Ja, ja, sagt d'Schwanklin: Euch Mannsbilder kennt ma scho! Aber den Durscht wo i hab, meine Herrn – den Durscht jetzt! Zenzi – wo bleibt denn mei Maß so lang. – Des glaabst net, wia anstrengend so a Konzert is! – Wenn's net wega dem Reiskoffer wär …»

Die Filmdiva

Personen: Zwei Frauen.
Zeit: Nach der Vorstellung.
Ort: Straßenbahn.

Hätt mir net denkt, daß de no so bluatjung is! Hört ma ja doch scho a fünf, a sechs Jahr davo … Wia a Schulmadl!

De könna leicht jung bleim, de Leut! Werd eahna ja alles higricht, koa Kocha, koa Wasch, koan Mo, der wo sei Sach möcht.

Und de Pfleg, de wo a solcher Star hat! Da macht ma si ja koan Begriff. – Hat mir's erst d' Mali von der Frau Oberinspektor erzählt, de hat doch a Freundin, wo Köchin is bei oaner, und des is aa a Star, aber no gar koa bsonderer. Da tean s' jedn Tag in d' Badwann a halbe Flaschn Punschessenz oder so was nei. – I taat mi Sündn fürchtn ...

Aber gfalln hat's ma heut scho in dem Fuim! – A bißl gar schlank is halt. Mein Mann gfallat so was ja net, mei, de Gschmäcker san verschiedn. Oa mögn 's a so und de andern a so. Wunderbare Augn hat s' ghabt. Des muaß ma ihr lassn, wia s' a so dasitzt mit ihran Krepdeschin-Kleid ... De hätt no andere kriagt als wia den ausgsuzeltn Doschuan. – Des is a richtiger Schürzenjäger, der Russ, der wo s' da in dem Fuim so o'bleamit. A richtiger Schürzenjäger! Des siecht ma dem ja auf hundert Stund o – mit seine gschneckeltn Haar san a so nimmer zvui gwesn ... Aber wo halt d'Liab hifallt ...! Erscht recht scheinheilig

toa, Herzerl hi und Herzerl her und a Mords-Ramasuri und Gregori. Nachher: – Habe die Äre! San ja so dumm – s o dumm, die junga Madln! Moana wunder wia gscheit als s' san, wenn s' studiert ham, derweil falln s' erscht recht auf jedn Schlangafanga rei.

I hätt eahm scho des Richtige gsagt, des derfa S' glaabn, daß der d' Flügel hänga hätt loss'n mitsamt sein silbern Teegschirr!

So oan taat i scho nachlaffa! So a Fräulein wia d e – nett, sauber, a Buidung glernt – und (reibt Daumen und Zeigefinger aneinander) was d a, Frau Schegglhofer, reiche Leut, des siecht ma – de kriagat an jedn Finger oan – de bestn Partien.

Mei – i vodamm s' net deswegn. – San net alle gleich, d' Leut, Frau Gablinger. Wer siecht nei in a Menschenherz? Sehngs, da Frau Schaftlbauer ihr Reserl, ham Sie 's scho no kennt, hat aa ausgschaugt, wia wenn s' net bis fünfi zähln kunnt, de hat si halt aa in den Türkn valiabt, der wo im Haus gwohnt hat, und jetzt hilft alles nix, sie geht mit eahm abi und er laßt s' aa nimmer aus.

Ja, wenn E r natürli aa net auslaßt, na is no gar net so arg! – Aber da in dem Fuim, da mag ja Er gar nix mehr wissn, der specht jo scho wieder auf andere. Ham Sie's scho gsehng, wia er mit der Schwarzn beinand gsessn is – no, auf der Scheßlong moan i!

Wenigstens hat s' was von Italien gsehng, des Madl! Aber des hätt sie si alloa aa leistn könna. – Vieradachzg Tag hat er ihr na nimmer gschriebn. – De hätt si damit abgfundn! – Aber naa! Er muaß wieder telegrafiern! – Wissen S', i sag nix gega d' Mannsbuida! Gibt guate aa! Aber w e n n oaner schlecht is, der is na scho glei so schlecht ...

Und s i e natürli – nix wia nauf nach Berlin zu eahm. – De Tante von ihr des war ja aa koa Gscheite, sunst lassat s' doch a so a jungs Madl net in der Welt rumroasn. No ja, ham Sie's doch gsehng, daß de Tante mit dem Dokter was hat. De war ja froh, wenn de Junge aus'n Haus war. – Menschliche Verhältnisse gibt's – da möcht oan grausn.

Jetzt wia 'n des Madl in Berlin so zsammbutzt hat, wia 's amal richtig Schneid kriagt und sagt: «So, jetzt rede einmal ich!» – Mir hat's Herz im Leib glacht. Sag's eahm! Hab i denkt, sag's eahm nur! Ganz gfiabert, hab i! – Aber na is s' doch wieder schwach worn, und des hat mi enttäuscht.

Aber so derbarmt hat mi scho lang nix mehr, als wia s' am Bahnhof gstandn is – vorn Zug – naufgschaugt und naufgschaugt! Da hat s' mir doch wieder leid to. – War ja sehr schön von eahm, daß er s' neigholt hat – aaber, Frau Schegglhofer: vielleicht waar's gscheiter gwesn, er hätt s' steh lassn! – Schwörn möcht i: Jetzt geht's wieder von vorn o! Des derfa S' glaabn, i kenn d' Männer ...

Jessas, san ma scho an der Unterfahrt! Daß de Schaffner aber gar
nimmer ausruafa! Also, adje, Frau Schegglhofer – adje – – jetzt
kann i wieder zwoa Stationa zruckdäpferln – – schön war's – sehr
schön. Pfüat Eahna Good!

Die Festrede

Das war ja eine schöne Geschichte! Dieser Stuhlberger, dieser
Vorstand, dieser Kerl wurde da plötzlich krank, gerade zum fünf-
undzwanzigjährigen Stiftungsfest der «Harmonie».

Und an ihm, dem Kassier Festl, blieb jetzt die ganze Geschichte hängen, Empfang, Begrüßung, der ganze Krampf, und natürlich auch die Rede, die Festrede.

Er, Festl, sollte reden. Vor hundert, vielleicht vor zweihundert
Leuten. Der Bürgermeister, der Bezirksamtmann wird da sein,
sein Amtsvorstand, der Königliche Rat, die Presse, jawohl, die
Presse auch. Kruzitürken! – Noch nie hatte er geredet, der Festl,
außer am Stammtisch in der «Blauen Gans». Und da nur in Rede-
wendungen, die anhuben: «Laß da sogn», oder auf dem Gipfel-
punkt endigten mit: «Dös kennst», oder bekräftigt wurden durch:
«Dös moan i aa, moan i!»

Da allerdings war mit Reichskanzlern, Staatsministern, Poten-
taten und Parlamentariern bös ins Gericht gegangen worden von
seiten des Herrn Festl, und wenn etwa eine dieser Persönlichkeiten den Ausführungen gelauscht hätte, sie wäre stillschweigend in
ihres Nichts durchbohrendem Gefühle vom Schauplatz der Öffentlichkeit verschwunden. Aber die Reden in der «Blauen Gans»
hörten nur die Kegelbrüder Festls, die wenig Einfluß auf die Ge-
schicke des Reiches ausübten. – Ja, ein Reichskanzler war ja in der
«Blauen Gans» leicht abgetan – aber eine Rede zur fünfundzwan-
zigjährigen Stiftungsfeier der «Harmonie», mein Lieber, da hat
einer nichts zu lachen. Da stehst du mitten in der Öffentlichkeit,
und sogar die Presse ...

Festl kam nach der denkwürdigen Ausschußsitzung tiefbewegt
um Mitternacht heim und weckte allsogleich seine Gemahlin aus
dem Schlummer: «Amali, Amali!»

Schlaftrunken erhob sich die Gesponsin aus den Kissen.

«Was is?»

«A Red muaß i halten», schrie Festl in die Ruhe der Nacht hinein und marschierte dröhnend im Zimmer auf und ab.

«Jessas Maria, ziahg wenigstens d'Stiefi aus, Xaver!» – Ein Ratschlag, der wohl den Nöten eines Redners nicht ganz gerecht wird.

Festl wälzte seinen Leib ruhelos auf dem Lager. Und sein Geist formte und knetete an den Eingangsworten: Hochverehrte Festversammlung. Indem daß ... Nein: Freudevoll blickt – Nein: Ein schöner Tag hat uns heute – Himmelseiten: Der Tag war ja ein Abend. Also: Ein schöner Abend ... Und Festl rang mit dem ersten Satz wie Jakob mit dem Engel: Ich lasse dich nicht, du segnest mich denn ... Er stand auf – klirrend fiel der Leuchter vom Nachttisch herunter – und machte Licht. Amali geisterte nachtgewandet im Schlafgemach herum und rang die Hände.

«A Papier brauch i», rief Festl erregt. Amali lief und brachte die gestrige Zeitung herbei. «Koa solches, du Gans, du ...»

Amali schluchzte. Festl schrieb mit fliegenden Zügen den Satz nieder.

Amali brachte, noch immer schluchzend, die Pantoffeln herbei. «Xaver, dei Rheimatis!»

Festl schlief endlich hinüber, in Morpheus' Land, wo's keine Reden gibt.

Schon der frühe Morgen sah ihn wieder über dem Papier der Nacht. Und Festl feilte an dem Einleitungssatz, ließ den Malzkaffee kalt werden und kam mit zehn Minuten Verspätung bleich und übernächtig ins Büro. Er schrieb über eine Mahnung an einen ablieferungssäumigen Landmann: Hochverehrte Festversammlung! Er schlüpfte beim Fortgehen statt in den Straßenrock in den Bürokittel des Schreiblehrlings und legte dem Herrn Rat statt eines Rundschreibens an die Gemeinden die Rechnung über den Winterhut seiner Amali vor.

Das Mittagsmahl aß er im Auf- und Niederschreiten und blätterte dazu in den Werken, die er am Heimweg aus der Buchhandlung mitgenommen: «Wie lerne ich groß und frei reden?» – «Der Festredner.» – «Reden und Ansprachen.» – «Bismarcks Reden.»

Und Festl pickte wie ein emsiges Huhn die Körner aus allen heraus. Einen Schluß, einen wundervollen Schluß hatte er schon gefunden: «Und nun, meine Damen und Herren, lassen Sie mich mit den Worten unseres großen eisernen Kanzlers schließen: Setzen wir die ‹Harmonie› in den Sattel, reiten wird sie schon können.»

Also: Anfang und Schluß standen fest. Jetzt kam noch die Mitte. Am nächsten Sonntagnachmittag waren in Festls Wohnung die Rolläden herabgelassen. Die Familie schlich auf den Zehen umher und die Uhr war abgestellt. Vater Festl saß über der Rede und kaute aus dem Federhalter herrliche Perioden und Satzgefüge heraus, und vor ihm lagen die vier Werke, an denen er seinen Stil bis zur Vollendung schliff. – Azorl, des Hauses Hüter allein, erschien die feierliche Stille beängstigend, und er machte seinen Gefühlen durch melodisches Bellen und Heulen Luft.

«Sauviech elendigs!» – Wau – wau – wau. Festl rückte dem Azorl wutentbrannt mit der Fliegenklappe auf den Leib. Er wurde in die Kammer verbannt. – Wau – wau – wau! Dieses Mistvieh! Die Anni mußte ihn aus dem Haus bringen. – Kaum war er fort, schmiß der Maxl, weil er immer so Obacht gab, daß er auf den Zehen ging, eine Geschirrstellage in der Küche um. Festl griff zur Fliegenklappe, und das Haus hallte wider von Klage und Wehgeschrei.

So, jetzt konnte man von vorn anfangen. Aber das Werk gelang. – Es gelang! Festl rieb sich die Hände. Er trug die Rede aus dem Manuskript seiner Amali vor. Mit großen, stolzen Augen sah die Frau auf ihren Gebieter. Das hatte sie ja gar nicht gewußt, was für ein hohes Licht in ihrem Xaverl steckte. Es wurde ihr fast angst vor all den schönen, in Festls Mund so fremdartig klingenden Worten.

Sie kannte ihn gar nicht mehr.

Sie studierten beide Satz für Satz vor dem Spiegel ein. Festl ging wie ein König im Reich der Geister durch seine Wohnung. Und immer wieder hoben beide aus dem köstlichen Schatz der Rede ein Juwel nach dem anderen heraus und ließen es einzeln vor sich aufleuchten und glänzen. Insbesondere den herrlichen Schlußstein des rhetorischen Nibelungenhorts:

Setzen wir die «Harmonie» in den Sattel ...

«Na, der Rat, der wird Augen machen! – Und die Frau Offizial», meint die Amali, «die Frau Offizial, die immer so geschwoll'n mit den sieben Gymnasialklassen ihres Alten tut, die wird ja platzen vor Neid.»

Festl schmetterte den herrlichen Schluß mit erhobener Hand an den Spiegel: «Setzen wir die ‹Harmonie› in den Sattel, reiten wird sie schon können!»

Und dann begann ein großes Bügel-, Näh- und Waschfest im Hause Festl, und Frau Schillinger, die «Modes und Robes», mußte die schwarzseidene Bluse der Frau Festl mit einem Stuartkragen versehen und der Schneider Pentenrieder die Spiegel aus dem Gehrock Festls herausdämpfen.

Und Festl trug bei Tag und Nacht, zu Wasser und zu Land, in Stürmen und Gefahren das Manuskript der Festrede bei sich und berauschte sich an seinen Worten.

Und an dem großen Tag war alles da: der Bürgermeister, der Bezirksamtmann, der Rat, die Presse hatten zugesagt, Festl mit Frau und Kind und Rede erschien eine Stunde vor Beginn im «Oberbräusaal» und – jetzt da ver ... – aufs herzlichste wurde die Familie begrüßt vom Vorstand Stuhlberger, der, vom Krankenlager kaum genesen, es sich nicht nehmen ließ ...

«Nein, Festl, das konnte ich dir nicht zumuten, ich weiß, wie zuwider dir alles Offizielle ist, und besonders die Red, – mein Kompliment, Frau Festl, nicht wahr, das konnte ich dem Herrn Gemahl nicht zumuten ...»

Draußen an einem stillen Ort hatten Festl und Stuhlberger eine erregte Auseinandersetzung, in deren Verlauf Festl an seinen Vorstand und an die «Harmonie» eine sehr unschöne Einladung richtete; glühend wie eine Pfingstrose erschien er bei den Seinen: «Amali, mir genga! Marsch!»

Die Abwesenheit des Vorstandsmitglieds, des Kassiers Festl, wurde allseits in der «Harmonie» bemerkt und bedauert, aber sie war bald von den Wogen der Festesfreude überspielt und vergessen.

Festl las im Wochenblatt den Bericht. Da stand auch die Rede Stuhlbergers gesperrt gedruckt und daß der Bezirksamtmann dem Redner gratuliert habe.

Der Azorl wußte wiederum einmal nicht, warum er einen Fußtritt bekam, und der Maxl bemerkte mit schmerzlichem Befremden, daß sein Ernährer auf ein bißchen Löffelklappern mit Ohrfeigen reagierte.

Festl erklärte seinen Austritt aus der «Harmonie». Sein Brief begann mit P.P. und «Indem». Das «Achtungsvoll» am Schluß schrieb er ganz klein und unleserlich.

Stuhlberger und Festl grüßen sich nicht mehr.

Manchmal, wenn Festl infolge Aufregung und Ärger nicht einschlafen kann, fällt ihm der schöne Schlußsatz aus einer Rede sein: «Setzen wir die ‹Harmonie› in den Sattel, reiten wird sie schon können.»

Der Baderwaschl

Zum Bader Kapfinger in der Entenbachstraß war ein neuer Gesell gekommen.

Er schrieb sich Emil Stübke und war aus dem Preußischen.

Man sah seine hohe, schlanke Erscheinung an stillen Vor- und Nachmittagen nicht selten unter der Ladentür aufgebaut. Da stand er, die blonden Locken in einem kühn geschweiften und gesalbten Bogen über die Stirn gelegt, in beinahe blendend weißem

Kittel, die Arme verschränkt, und verbreitete drei Häuser weit auf und nieder einen hohen Wohlgeruch.

Der Bader Kapfinger selbst konnte sich seinem Geschäft wenig widmen. Er war Vorstandsmitglied des Vereins gegen betrügerisches Einschenken und hatte darauf zu achten, daß die Schenkkellner im Getriebe des Tags nicht das rechte Augenmaß für den Liter verloren. Er widmete sich diesem Amt mit restloser Hingabe. An warmen Sommertagen sah ihn schon die zehnte Morgenstunde im Hofbräuhauskeller beim Kampf um die volle Maß, und der weite Weg hielt ihn nicht ab, nachmittags im Augustiner für die idealen Ziele seines Verbands tätig zu sein.

Menschen im allgemeinen und Bader im besonderen sind sehr leicht geneigt, über einer speziellen Mission ihre eigentliche Bestimmung zu vergessen.

Die Last des Geschäftes ruhte fast ganz auf den Schultern Emil Stübkes, und dieser trug sie mit heiterer Würde und zur Zufriedenheit des Herrn und vor allem auch der Frau Kapfinger.

Die Meinungen über Stübke waren geteilt. Und zwischen den beiden extremsten: «bildschönes Mannsbild» und «damischer Hund» liegt sicher ein weiter Spielraum. «Ein bildschönes Mannsbild» nannten ihn die Kocherln und jungen Mädchen der Nachbarschaft, als «damischen Hund» bezeichnete ihn der von Europas Höflichkeit wenig übertünchte Maurerpolier Alois Zirngibl, und zwar geschah dies beim Raisern, weil ihm Stübke am Hals eine Schnittwunde beibrachte, eben in dem Augenblick, als Fräulein Kathi Pichler von der Feinbügelei «Elegant» an der offenen Ladentür vorüberging.

Am objektivsten stand Emil Stübke der Wirt vom Gasthof zur «Neuen Welt» gegenüber, der die beiden Begriffe «bildschönes Mannsbild» und «damischer Hund» vermählte und aus ihnen ein neues Wort zeugte: «langhaxeter Baderwaschl».

Nun, Emil Stübke gewann trotz alledem die Herzen der Weiblichkeit im Sturm. Wenn das Expeditor-Kocherl vorbeiging, wußte er immer ein galantes und manchmal etwas freies Wort, dem Wassermädl vom Café zur Isarbrücke wechselte er mit liebenswürdigen Redensarten das Kleingeld um, und kam eine junge Dame in den Laden und kaufte ein Haarnetz oder einen Karton

Veilchenseife, so ging sie nicht ohne einen feurigen Augenaufschlag von seiten Stübkes von dannen. Als ruhende Pole in der Erscheinungen Flucht waren indessen zwei Damen anzusehen, die Stübke durch besonderes Entgegenkommen auszeichnete.

Die eine war Fräulein Kathi Pichler von der Feinbügelei «Elegant», die andere Fräulein Resi Liebl, Ladnerin beim Schweinmetzger Dopfinger.

Wenn Fräulein Kathi Pichler am Samstag die frischgebügelten Baderjacken brachte und die Kragen und Serviteurs für Herrn Stübke, so versäumte er nie, ihr ein paar Tropfen «Eau de rose» oder «Heliotrop extrafine» in den Halsausschnitt zu träufeln, und seine Worte waren nicht minder duftig wie seine Werke.

Das Fräulein Kathi hinwiederum wand um die Wäsche die himmelblausten Bänder und bügelte all ihre Liebe in die Kragen hinein.

«Naa, Herr Emil», sagte sie, «dö kosten nix, dö hab i extra für Sie am Feuerabend bögelt.»

Und Emil Stübke faßte sie liebreich um die Hüfte und tätschelte ihr die roten Backen.

»Nee, Fräulein Kathi, Sie sind aber uff Ehre det nidlichste Meechen in janz München.»

Schlug dann die sechste Stunde, so bürstete sich Emil Stübke den Scheitel zurecht und begab sich zu Fräulein Resi Liebl beim Schweinmetzger Dopfinger und holte sein «Abendbrot». – «For drei Groschen Aufschnitt, liebes Fräulein Resi», sagte er, und seine Augen sprühten ein Brillantfeuerwerk über den appetitlichen Ladentisch. Da schmolz das Herz des Fräulein Resi wie Butter in der Sonne, tief fuhr das Messer in den Leberkäs, säbelte ein brettdickes Stück Preßsack weg und rückte unerbittlich der Streichwurst auf den prallen Leib. Und jeder Schnitt und jedes Wurstblatt auf der Waage gab Zeugnis von Gefühlen höherer Natur, die Emil Stübke feinsinnig empfand und erwiderte.

Emil Stübke beugte sich dann über die Ladenbudel, drückte dem Fräulein Resi ein rosarotes, kleines Riechkissen in die Hand und flüsterte schmelzend: «Nee, Fräulein Resi, Sie sind aber uff Ehre det niedlichste Meechen in janz München ...»

«No, Fräul'n Kathi», fragte der Wirt zur «Neuen Welt» und zwinkerte mit den Augendeckeln, «was macht er denn, Eahna

Baderwaschl, Eahna preißischer!? Und das Fräulein Kathi bekam einen roten Kopf, machte ein schnippisches Goscherl und sagte: «Überhaupts, daß Sie 's wissen, es ist gar net mei Baderwaschl. Und dafür ko er aa nix, daß er a Preiß is!»

Und die Frau Schambeck, die Zugeherin beim Dopfinger, zwinkerte mit den Augendeckeln und fragte: «No, Fräuln Resi, wia geht's eahm denn, Eahnern Baderwaschl?»

Und Fräulein Resi bekam einen roten Kopf und sagte: «Überhaupts, was geht mi der Baderwaschl o, und er ist übrigens ein sehr feiner Mann, der Herr Stübke.»

Emil Stübke saß wie der Fink im Hanfsamen. Einen Sonntag ging er mit der Kathi auf die Auerdult, den anderen Sonntag mit der Resi ins Apollotheater. Am nächsten Sonntag machte er mit der Kathi einen Ausflug in die Floriansmühle, und am darauffolgenden saß er mit der Resi in der Schloßwirtschaft in Grünwald. Und seine Wäsche strahlte in blendender Reinheit, und von seinem «Abendbrot» um drei Groschen gab's immer noch zweimal ein ausgiebiges Frühstück. Emil Stübke war ein gemachter Mann und konnte lachen.

Und weil er eine durchaus vornehme und noble Natur war, so wollte er sich auch erkenntlich zeigen.

Das Fräulein Kathi war eine rassige, schwarze, das Fräulein Resi eine rosig blonde, hingebende Schöne.

Und als Emil Stübke mit seiner Kathi in einer milden Juninacht durch die Bogenhauser Anlagen lustwandelte, versprach er ihr, aus ihrem ausgekämmten seidenschwarzen Haar einen prachtvollen Chignon zu fertigen. Denn er lebte neben der Liebe ganz seinem Beruf.

Und auf einer fliederüberdachten Bank im Englischen Garten verhieß er seiner Resi einen prachtvollen Chignon aus ihrem ausgekämmten seidenblonden Haar.

So war Emil Stübke: ganz Liebe und ganz Baderwaschl.

Voll hoher Freude ging er ans Werk.

Als die beiden Chignons, der blonde und der schwarze, fertig waren, packte er sie in rosa Seidenpapier und legte sie zärtlich in eine Pappschachtel. Und zu jedem schrieb er ein violettes, duf-

tendes Kärtchen: «Meiner lieben Kathi! In ewiger Treue Emil.»
«Meiner lieben Resi!» In ewiger Treue Emil.»

Und dann zog der Peperl, der Baderlehrbub, als Liebesbote damit ab.

«Man fix, du Lulatsch», rief ihm Stübke noch nach, «und vergiß nich' ne ergebenste Empfehlungk!»

Der Peperl vergaß nicht, sie zu bestellen. Und nahm freudestrahlend an beiden Orten ein Fuchzgerl in Empfang ...

Und Fräulein Kathi Pichler öffnete ihr Paket, und Fräulein Resi Liebl öffnete es. Und Fräulein Kathi nahm den blonden Chignon heraus und las: «Meiner lieben Resi! In ewiger Treue.» Und Fräulein Resi las: «Meiner lieben Kathi! In ewiger Treue.» Und hielt den schwarzen Chignon in der Hand.

«Da legst di nieder», sagte Fräulein Kathi. Und Fräulein Resi sagte: «Da legst di nieder!»

Und andern Tags bekam Emil Stübke zwei Briefe, und beide begannen mit: »Indem daß ...»

Ein Liebestraum war ausgeträumt ...

Und die Jacke verlor ihre blütenweiße Reinheit, und zum Frühstück aß Stübke die Stulle «mit ohne».

«Dös ham S' davo», sagte der Wirt zur «Neuen Welt» zum Fräulein Kathi. «So san s', dö Preißn!»

Und die Frau Schambeck sagte zum Fräulein Resi: «I hab's ja glei gsagt, mit dem Baderwaschl, mit dem langhaxatn ...!»

Die Öfen der Tante Weinzierl

Schuld daran ist natürlich der Ofen – das niederträchtige Vieh. Er heißt «Prometheus» und gehört meiner Tante Weinzierl, die ihn teils aus Ästhetik, teils wegen kalter Füße anschaffte.

«Prometheus» ist ein Dauerbrandofen, und er versprach, Tag und Nacht zu brennen. Außerdem aber bildet er einen reizenden Zimmerschmuck, denn er vereinigt vom Kopf bis zum Fuß alle Stilarten in sich.

Als er kam, war das Weinzierlische Familienleben vierundzwanzig Stunden lang aus den Angeln gehoben. Wenn sein Inneres nur halb so heiß geglüht hätte wie für ihn die Herzen seiner Besitzer, so wäre er das Ideal eines Ofens gewesen. Tante Weinzierl schwärmte für ihn, sie liebte den Prometheus wie ihr leibeigenes Kind und fütterte ihn mit ausgesuchtesten Liebenswürdigkeiten und mit den besten Steinkohlen.

Aber Öfen sind eiskalte Gesellen, die sich selbst an der Liebenswürdigkeit einer Tante Weinzierl nicht erwärmen können. Das Zimmer blieb kalt und am Fensterstock bildeten sich Eiszapfen. Man redete dem Ofen zu wie einem kranken Kind, man putzte ihn alle Tage, man kündigte der alten Köchin, die fünfzig Semester lang die Magenfrage der Weinzierl zur Zufriedenheit gelöst hatte, nur weil sie den Prometheus nicht individuell genug behandelte und einmal geäußert hatte, er sei ein Sauscherben.

Da kam der Onkel Xaver zu Besuch, besah sich die Familiensorge und stellte die Diagnose auf: «'s Rohr is z'kurz, da ziahgt's Euch alle Hitz naus. Und überhaupts ghört er an an andern Platz, wenn as Zimmer hoaß wern soll.»

Den Tag darauf kam der Ofensetzer des Lieferanten, besah den Patienten, schnupfte eine Prise Schmalzler und erklärte sich mit der Diagnose des Onkels Xaver einverstanden. Nun handelte es sich nur mehr um die Platzfrage.

Man einigte sich nach einer zweistündigen Konferenz, an der sich außer den Mitgliedern der Familie Weinzierl auch noch der Ofensetzer, der Hausherr und anderthalb Dutzend Nachbarn beteiligten, den «Prometheus» um einen halben Meter weiter vorzuschieben.

Die Rohrfrage war schwieriger. Sie verursachte in der Kaminwand sechs kopfgroße Löcher und bei der Tante Weinzierl in Anbetracht dessen einen leichten Nervenschock.

Nachdem beide Schäden repariert waren und sich der Ofen halbwegs akklimatisiert hatte, konnte man mit Befriedigung konstatieren, daß er brannte. Am selben Abend wechselten die Weinzierls ihr Glaubensbekenntnis und wurden Feueranbeter.

Die Tante Weinzierl hat mitunter schlaflose Nächte. In einer derselben kam ihr der Gedanke, sich im Ofenwinkel ein lauschiges Plätzchen zu gründen, an dem sie während der langen Winterabende in unmittelbarer Nähe des Heißgeliebten ihren Strumpf zu Ende stricken könnte.

Wenn sich die Tante Weinzierl in einer schlaflosen Nacht etwas vornimmt, dann wird es durchgeführt. Der alte Großvaterrohrstuhl wurde vom Speicher geholt und einer eingehenden Säuberung unterzogen. Er bekam einen neuen Überzug und zwei ebensolche Gliedmaßen, und nachdem man den Türstock erweitert hatte, um das umfangreiche Möbel ins Zimmer zu bringen, stellte sich heraus, daß er dort keinen Platz fand.

«Wenn», sagte die Tante, «ja wenn der unförmige Kasten nicht wäre, dann ginge es.» Nach einer weiteren schlaflosen Nacht mußte der Kasten weichen.

Er sollte an die entgegengesetzte Wand gebracht werden. Das Geschäft nahm einen Vormittag in Anspruch und hatte als Ergebnis zwei Beulen an der Stirn des Onkels, einen zerbrochenen Spiegel und eine Armverrenkung der neuen Köchin, die in der Folge davon vier Wochen lang das Bett hüten mußte.

Der Kasten stand nun an der entgegengesetzten Wand und verdeckte das halbe Fenster; außerdem mußte ihm die Nähmaschine weichen, die im Arbeitszimmer des Onkels Weinzierl einen Platz angewiesen bekam. Dafür wurde der Rauchtisch und ein Bücherregal auf den Speicher transportiert.

Wer aber im Zimmer an den Tisch gelangen wollte, der mußte erst über den eingedrungenen Lehnstuhl steigen und sich mit der Elastizität eines Schlangenmenschen zwischen Zimmerwand und Kasten hindurchwinden.

Und Onkel Weinzierl hatte so wenig Anlagen zum Schlangenmenschen! Aber die Tante hatte nun ihr «grüawiges Winkerl».

Am ersten Abend, nachdem die sittliche Welt- und Möbelordnung des Zimmers buchstäblich auf den Kopf gestellt war, saß sie triumphierend wie eine Königin neben dem Prometheus. Und dann durfte sich der Onkel hinsetzen und dann die Köchin den Platz probieren und dann die Großmama und dann die Tochter und dann auch ich, der Neffe.

Ich muß sagen, mir war neben «Prometheus» zumute wie einem Jüngling im Feuerofen. Aber als die Tante mich fragte, wie ich mich in ihrem Tuskulum fühle, da log ich mit dem Mute der Verzweiflung: «Wundervoll!» Und mein Gesicht glühte wie eine Pfingstrose und der Onkel sagte gar nichts und faltete stumm die Hände.

Drei Tage lang triumphierte die Tante Weinzierl im Schweiße ihres Angesichts in ihrem «grüawigen Eck». – –

Am vierten Tag bekam der Onkel Vorwürfe, wie er auf die verrückte Idee gekommen sei, den Lehnstuhl vom Speicher herabzuschaffen, und daß die Hitze unerträglich wäre und daß sich neben den Ofen setzen könnte, wer Lust habe.

«Ich nicht!» sagte die Tante. «Und außerdem ist das ganze Zimmer verschandelt.»

Nach einer schlaflosen Nacht beschloß sie, ihren Willen durchzusetzen und den unförmigen Lehnstuhl wieder auf den Speicher zu bringen.

Als der Onkel mit freudiger Miene das vernahm, da weinte die Tante und sagte: «Du vergönnst einem schon gar nichts, nicht einmal das grüawige Eck.»

Und dann hub wieder ein großes Umziehen an. Der Lehnstuhl wanderte zurück, woher er gekommen, der Kasten wurde an seinen alten Platz gerückt, – nur die Nähmaschine blieb im Arbeitszimmer des Onkels. –

Nach einer weiteren schlaflosen Nacht fand es Tante Weinzierl für gut, statt des «Prometheus» einen Petroleumofen ins Zimmer zu stellen, weil dieser weniger Platz beanspruche und nicht so schwer zu behandeln sei.

Der «Prometheus» wurde mitsamt dem verlängerten Rohr in Pension geschickt und an seiner Stelle ein Petroleumofen aufgestellt. – –

Gestern teilte mir Tante Weinzierl im Vertrauen mit, daß sie doch wieder den «Prometheus» aufstellen wolle, weil ihr der Petroleumofen Kopfschmerzen verursache. – – Und sie habe auch schon darüber nachgedacht, ob man nicht am Ende doch wieder den Lehnstuhl vom Speicher holen sollte, – und natürlich müßte dann ein Ofenschirm angeschafft werden.

Als ich heute zu Besuch kam, lag der Onkel krank im Bett und sprach im Fieber. So viel ich verstehen konnte, hatte er mit dem «Prometheus», mit dem «grüawigen Eck» und mit einem Ofenschirm eine erregte Auseinandersetzung ...

Die Erzieher

Der Vater Josef Rambögl feiert am 19. März sein und seiner Familie höchstes Freudenfest, seinen Namenstag. Da steht Josefi im Kalender, und wenn's auch eine Zeitlang ein abgeschaffter Feiertag war – jetzt ist er, Gott sei Dank, wieder eingesetzt! – Nichts hat Josef Rambögl damals so gegen die neue Zeit erbittert als die Degradierung seines Namenstags zum Werktag. Aber wie gesagt, diese Wunde hat sich wieder geschlossen. – Am Josefitag geht Vater Rambögl mit seiner Frau, seinem Sohne Pepi und dessen Großmutter Josefa Hiernauf in den Salvatorkeller. – Das ist, wie wenn der fromme Muselmann alljährlich nach Mekka aufbricht: Eine fast rituelle Wanderung.

Oben, in drangvoller Enge, überschwebt von schäumenden Krügen, saftigen Nierenbraten und Schweinswursttellern – erkämpft, erlistet, erschleicht, erobert Vater Rambögl für die Seinen Stuhl um Stuhl. Und wenn nach einer Stunde gewitterschwüler Auseinandersetzung um den Platz Rambögl wie ein siegreicher Gotenkönig seine Sippe um sich versammelt hat und alles sitzt, dann ist die große blaue Stunde des Glückes, des Erfolges über ihn gekommen.

Ein nicht erkämpfter – ein zufällig sozusagen in den Schoß gefallener Platz wäre nur das halbe Glück. – «... Und häng den Kranz, den goldnen Kranz, mir höher in die Sterne ...»

So singt Rambögl mit dem Dichter. Aber er singt nicht; denn seine Beziehungen zur Dichtung sind an den äußersten Grenzen des Wahrscheinlichen – Rambögl fühlt nur. Name ist Schall und Rauch.

Vater Rambögl geht selbst – persönlich zur Schenke, um die Maß zu holen. Er erstickt allenfallsige Veranlagungen des Schenkkellners zum «Bortenmachen» im Keime. Ein Blick genügt. – Das ist sein zweiter Triumph.

Unterdessen hat Mutter Rambögl aus ihrem Ridikül Eier, Käs, Aufschnitt und Brot ausgepackt und teilt, wie das Mädchen aus der Fremde, jedem seine Gaben aus. – Der Pepi bittet um die Wursthäute, die die Großmutter nicht vertragen kann, weil sie einen schwachen Magen hat. Er bekommt sie. Dann bittet der Pepi um einen Schluck Bier. – Und hier beginnt Rambögls Erziehungswerk. –

«Der Bua kriagt mir koa Bier! Dös is nix für die Jugend!!»

«Geh wegn deni paar Tröpfel!» sagt die Mutter.

«... Wenn er do Durscht hat», meint mit leiser Anklage die Großmutter.

«Und i sag: er kriagt koa Bier! (Rambögl wird hochdeutsch) Das Bier ist für die Kinder äußerst schädlich. Das kann dir jeder Doktor bescheinigen.» – «... Dir hat's do aa net gschadt!» – «Dumms Gered! I bin ein erwachsener Mann!!» – «... Aber frühers ...» – «Er kriagt mir koa Bier – basta!» – Die Großmutter! «Zweng was hast d'n na mitgnomma?»

«Warum – darum!» sagt Vater Rambögl, nimmt einen energischen Schluck und wischt sich den Schaum vom Bart.

Der Pepi beruhigt sich und vergißt seinen Durst über den Anblick eines kleinen roten Filz-Salvatoraffen und dem Wunsch, so eine Hutzierde zu besitzen. Er sagt: «Großmami, kaaf' mir so an Affen!» –

Großmami sagt: «Was dir net eifallt, du Lausbua! As Geld so nausschmeißn!! Da – iß a Semmi!» – Nur Großmütter können in einer Semmel eine Entschädigung für einen Savatoraffen erblikken. Der Peperl: «I mecht halt oan ...» Mutter und Großmami: «Stad bist jetzt! – – schaamst di net, a so a damisch's Zeug ... Dös kaffa nur Bsuffane!» –

Der Vater muß hinaus.

Die Großmutter hebt, von der Mutter unterstützt, schnell dem Peperl den Krug an den Mund: «Da trink, Pepi! Nimm nur an richtign Schluck, vor der Vater kimmt!» – «... Ma kann doch des Kind net verdurstn lassn!» – «... Sollt er'n halt na net mitnemma ...»

Der Pepi trinkt, daß ihm das Bier aus den Augen läuft. Die Mutter wischt ihm mit dem Sacktuch schnell den Mund.

Der Vater zurück. – – Er holt eine neue Maß. – Dann wohlwollend zu Pepi und den Frauen: «Jetz is eahm der Durscht ohne Bier verganga, gel, Peperl, – – dös braucht's net, daß Kinder a Bier kriagn ...?»

Der Pepi: «Mami, i mecht so an Affen ...»

«Obst d'stad bist! I hab dir scho gsagt, Du kriagst koan ...»

Der Vater wohlwollend: «No, ja ... San halt Kinder...»

Aber es geht ihn nichts an. Er mischt sich nicht in solche Sachen.

Der Vater Rambögl hat drei Tische weit weg seinen ehemaligen Kompaniespezl Vierlinger entdeckt: Begrüßung, Begegnung. Verweilen an Vierlingers Tisch.

Die Großmami: «Da trink schnell, Pepi!! – So – – magst no amal?» Der Pepi mag noch einmal.

Die Großmami will an der Küche einen Teller holen. Der Pepi darf sie begleiten. Wie sie an der Schenke vorbeikommen, sagt die Großmami: «De paar Tröpferln schadn dir nix! – Der Salvator gibt a Kraft.» – Sie trinken mitsammen eine Stehhalbe. –

Dann turnt der Pepi in den Gängen zwischen Tisch- und Menschenbeinen herum. Dort trifft ihn der hinaus müssende Vater. – Josef Rambögl ist voll von Wohlwollen gegen sein Kind. – Er kauft ihm einen roten Salvatoraffen. Triumphierend bringt ihn Pepi zu den Frauen.

«... Na», sagt die Großmami, «dös is dir a Erziehung!! – Mir verwehrn 's eahm und der alte Esel kaaft eahm so a Glump!!»

Die Mami sagt: «Da soll na aus dem Buam was wern! Magst trinka Pepi?» – Der Pepi mag. –

Der Vater zurück. Prüft den Kruginhalt. – Zu den Frauen: «Euch schmeckt's aa net schlecht...» Die Mami: «... Du muaßt an Pepi natürli so an Affn kaffa – – so a bsuffn's Zeug!!» – – Der Vater schuldbewußt: «No ja ...! San halt Kinder!» – Rambögl, seine Frauen versöhnen wollend: «Pepi – magst amal trinka?» – Der brave Pepi mag. – – – – – – – –

Katastrophe. –

Der Vater Rambögl verstört. «I woaß net – wegn de paar Tröpferl ...?» – – Mami und Großmami: «Du muaßt natürli dem Buam no a Bier zum Trinka gebn ...!»

Der Skalp

Beim Dobler-Xaverl haben sie eine Tante gehabt. Eine scharfe, mein Lieber! Die ist jedes Frühjahr, damals, als wir noch in den Isarauen unsern Wigwam hatten, zu den Doblerischen auf Besuch gekommen und ist ein Vierteljahr geblieben. Mitgebracht hat sie nichts als Gallensteine und einen prachtvollen schwarzen, aber leider falschen Zopf. Der ist jeden Morgen im hinteren Zimmer am Fensterriegel gehangen und wenn die Tante – «Sopherl» hat sie geheißen, aber sie war einen Meter achtzig groß – in die Stadt ging, dann nahm sie die Ebenholzflechten vom Fensterriegel, wand sie um ihren Scheitel und strich sich ein halbes Pfund Pudermehl ins Gesicht.

Hierauf klapperte sie mit den Augendeckeln den Spiegel an und sagte zur Frau Dobler: «Weißt du, Schwägerin, eine Frau in meinen Jahren, mit meiner Figur und meinem Aussehen kann doch immerhin noch Ansprüche an einen Mann stellen.»

«Aber gewiß, Sopherl», sagte dann die Frau Dobler und seufzte.

Sie hätte ihr gern einen Mann zugebracht, aber es traute sich keiner.

Der Dobler-Xaverl hatte die Tante Sopherl ehrlich dick. Tanten, die nichts mitbringen, lockern ohnehin die Bande der Blutsverwandtschaft, die sie mit Neffen verbinden, in erheblichem Maße. Was aber die Lage noch verschärfte, war der Umstand, daß die Tante Sopherl auf ihren Neffen Xaverl erziehliche Einflüsse auszuüben sich unterfing. Eine schöne, an der unvergeßlichen Marlitt geschulte Seele, die sie war, verabscheute sie nichts so sehr als Xaverls «Indianerheftln». Wo sie eins herumliegen sah, packte sie es mit spitzen Fingern und legte es wie einen giftigen Lurch dem Vater Dobler auf den Tisch voll Anklage und Entrüstung: «Sieh nur, Adolf, womit sich dein Xaver Phantasie und Gemüt vergiftet!»

Ja, sie verstieg sich sogar einmal zu positiver Leistung und bescherte dem Xaverl zum Geburtstag ein herrliches antiquarisches Buch «Trotzköpfchens Pensionszeit», und sagte, sie erinnere sich aus ihrer eigenen, noch nicht lange zurückliegenden Jugend, welche Quelle reiner Freuden ihr dieses Buch gewesen sei. Dem

Xaverl war es keine Quelle reiner Freuden. Er fand es stinklangweilig und kehrte wieder zu seinem «Falkenauge, der König der Prärie», zurück. Das war damals, als er Trapper und Wildwestläufer werden wollte.

Der Vater Dobler sog an seiner langen Pfeife, schalt gutmütig polternd den Xaverl ein bißchen um des lieben Friedens willen aus und verbot ihm die Lektüre der «Heftln».

Der Xaverl aber widmete sich nun Falkenauge, dem Könige der Prärie, in verschwiegenen Räumen, wo ihn die Tante Sopherl doch nicht gut überwachen konnte.

Nun war am Samstagnachmittag wieder einmal in den Isarauen das Kriegsbeil ausgegraben worden zwischen Comanchen und Apachen. Das heißt, eigentlich geschah dieser Akt schon in der Zehnuhrpause im Hof des Luitpoldgymnasiums, allwo der Häuptling der Comanchen, die «graue Bärentatze» Alois Schmidlechner, dem Falkenauge Xaver Dobler zuviel vom Butterbrot heruntergebissen hatte. Dazu kam noch der beleidigende Zuruf: «Rotschwanzel»; der Dobler-Xaverl trug die charakteristische Hautfarbe der freien Wildwestsöhne nicht im Gesicht, sondern in seinem borstigen Haarschüppel.

Das konnte sich Falkenauge nicht gefallen lassen und er sammelte seine Krieger um sich. – Austausch der Kriegserklärungen: «Also, nachat, heut nachmittag um Zwoa an der Eisenbahnbruckn!»

Der Dobler-Xaverl betrachtete sich nach dem Essen nachdenklich im Spiegel. Neben ihm bereitgelegt lag der Federschmuck, Pfeil und Bogen, Bowiemesser und «Tomahawk». – Nur der Haarschüppel, der allzu blonde Haarschüppel, der war halt gar nicht «echt».

Der Meisner-Gustl war vorige Fastnacht als Indianer gegangen und hatte einen richtigen Skalp aus langen schwarzen Roßhaaren gehabt, denn sein Vater war ein Tapezierer. – Hm!

Die Tante Sopherl lag von süßen Träumen umgaukelt in ihrem Mittagsschlaf auf der Ottomane, denn ein Mittagsschlaf, stand in ihrem Handbuch der Kosmetik, läßt auch die Haut ruhen und macht sie weich und jugendfrisch. Am Fensterriegel hingen die Ebenholzflechten ausgekämmt, denn sie durften im Schlafe nicht zerdrückt werden. –

Genau so wie Falkenauge, der König der Prärie, den Feind anschleicht, so schlich auf Zehenspitzen der Dobler-Xaverl in Sopherls Gemach.

Hatte sie heut mittag nicht gesagt, sie sei heute recht leidend und wolle ruhen? Wozu braucht sie dann ihren Zopf, dessen der Xaverl so notwendig zur kriegerischen Ausgestaltung seiner Häuptlingswürde bedurfte?

In drei Stunden wollte der Xaverl wieder zurück sein. Bis dahin sollte der Zopf längst wieder am Riegel hängen.

Und er verstaute die schwarzen Flechten eilends in seine «Jagdtasche». Das sollte ein herrlicher Skalp werden. Alois Schmidlechner, die «graue Bärentatze», würde platzen vor Neid!

Und Xaverl schlich aus dem Gemach, sichernd wie die «leise Schlange» der Tscherokesen.

An der Eisenbahnbrücke wartete ein Häuflein Rothäute, Comanchen und Apachen noch durcheinander, friedlich Waffen und Ausrüstung des Gegners beurteilend und bewundernd. Da erscheint aus den Weidenbüschen heraus mit gellendem Kriegsruf hiiiih – hihihi Tomahawk schwingend Xaverl, das Falkenauge, und um Gesicht und Schultern fallen ihm ebenholzschwarze Flechten, gekrönt von drei Adlerfedern aus dem Geflügelstand der Frau Wurzbichler in der Entenbachstraß.

Restlose Bewunderung! Der Xaverl war ganz echt. Sogar «tätowiert» hatte er sich mit den Tubenfarben aus «A. Maiers, fünf Grundtöne für Schulzwecke».

Es war ein herrlicher Kriegspfad. Der Skalp riß Xaverl zu den kühnsten Heldentaten hin und nicht wenige der Comanchen hatten Lust, zum Häuptling Falkenauge überzugehen, weil der so «zeam beinander» war. – –

Die Tante Sopherl erwachte so gegen halb fünf Uhr aus ihrem kosmetischen Schlaf. Ihr erster Blick galt dem Fensterriegel. – Aufschrei!

Das Sopherl sucht und sucht in allen Kästen und Schubladen, unterm Bett, auf dem Bett, in der Ofendurchsicht.

Ihre Flechten blieben verschwunden.

Zopfabschneider! durchzuckte es sie. Jawohl, so war's. Die Schwägerin hatte in unbegreiflichem Leichtsinn wohl die Wohnungstüre aufgelassen und da hat nun ein Subjekt natürlich das Wertvollste sofort an sich gerafft, dessen er in der Wohnung ansichtig wurde, und war verschwunden.

Eiskalt durchfuhr die Tante Sopherl noch nachträglich der Schrecken: Ein fremder Mann war in ihrem Zimmer gewesen. Vielleicht hatte er sie sogar geküßt, indes sie schlief – der Verwegene, der Unverschämte! Das sah den Männern gleich. Das eine aber wußte sie gewiß: den Zopf hatte er mitgenommen.

Vielleicht war's ein Idealist. Einer, der schon lange darnach gespitzt hatte, einer Erinnerung an sie habhaft zu werden.

O, wie wird er vielleicht jetzt ihre Flechte mit glühenden Küssen überfluten.

Vielleicht ist es der Oberexpeditor vom ersten Stock, der sie immer so verehrungswürdig grüßt, oder der junge Mediziner, der Zimmerherr von nebenan, der letzten Mittwoch nach ihr umsah ...

Die Tante lächelte unter Tränen. Also, sogar Verbrechen, Diebstahl begingen die Männer ihretwegen!

Aber aufgeregt hatte sie der Vorfall doch sehr. Sie wollte ein bißchen an die frische Luft und setzte die Puderquaste in Bewegung. Dann drückte sie den blumenschweren Frühlingshut geschickt auf die Originalfrisur und gab sich noch, als sie zur Türe hinausging, einen letzten lächelnden Blick in den Spiegel.

Hierauf lenkte sie ihre halbquadratmetergroßen Lackschuhe in die Isaranlagen.

Sinnend schritt sie vor sich. Nun wird der Oberexpeditor oder der Mediziner ihren Zopf kosend durch die Finger gleiten lassen ... Komische Männer!

Hiii – hihi – über den Weg die Böschung herauf stürmte Tomahawk schwingend Xaverl Falkenauge, auf der Verfolgung der Comanchen begriffen.

Er rannte der Tante Sopherl, der edlen Squaw, gerade vor den Leib und der Anprall war so heftig, daß der Häuptling das Gleichgewicht verlor.

Lausb ... wollte das Sopherl eben empört rufen. Aber das Wort blieb halben Wegs stecken. Das Sopherl war wie versteinert. Noch immer hielt sie ihren Neffen am Ohr und ganz allmählich dämmerten ihr angesichts des schwarzen Skalps Zusammenhänge auf. Da erraffte sie sich und riß Falkenauge die drei Adlerfedern vom Haupt und streifte zitternd vor Empörung die Spagatschnur, mit der der Skalp am Scheitel befestigt war, herab.

Da hielt sie ihre Flechten in der Hand und Falkenauge stand skalpiert. Rot quoll es an seinem Scheitel auf. – Also, das war's!

Und Tante Sopherl, den Skalp in der Linken, holte mit der Rechten aus und noch einmal und noch einmal – Sau – bub – elen – di – ger, in – famer Kerl – mis – rab – ler!!

Aber da war Falkenauge, skalplos, über die Böschung verschwunden. Und aus den Weiden erscholl das Hohngelächter der Comanchen. – An jenem Tag stand über dem Kriegspfad Falkenauges kein besonderer Stern mehr.

Der Vater Dobler sah sich in seinem Wigwam veranlaßt, seinerseits das spanische Kriegsbeil gegen seinen Sohn Falkenauge auszugraben: «Erinnert euch einmal an mich: Er endet noch am Galgen!» –

Aber Xaverl Falkenauge kam nicht so hoch hinauf. Er ist Magistratssekretär geworden.

Tante Gustis «Zögerer»

Zur Zeit, als ich Tante Gusti kennenlernte, war sie schon hübsch lang aus der Feiertagsschul. Unsere erste Bekanntschaft ist etwas einseitig ausgefallen; denn ich habe zu jener Zeit eine auffallende Antipathie gegen Schnuller, Wiegenlieder und Tanten empfunden.

Nach Jahren ist mir erzählt worden, daß ich die ersten feurigen Liebkosungen der Tante Gusti mit einem zwar kavaliersunwürdigen, aber menschlich allzumenschlichen Vorfall verwässert hätte. Seit dieser Stunde schon bestand zwischen uns beiden eine kleine Spannung. Dies sind in kurzen Zügen die psychologischen Grundlagen unserer beiderseitigen verwandtschaftlichen Zuneigung.

Tante Gusti kam jedes Jahr zu uns. Mit der Sicherheit eines Planeten tauchte sie in den Hundstagen am Horizont unserer Behausung auf und mit ihr ein sogenannter «Zögerer» von grasgrünem Tuch mit einem eingestickten Osterlamperl. Dieser «Zögerer» war für uns Kinder das Liebenswürdigste an der Erscheinung der Tante Gusti. Denn er barg in der Regel altbackene Kirchweihnudeln, für die ich im besonderen eine unerklärliche Schwäche zeigte. Der Vater betrachtete indes den Zögerer mit gemischten Gefühlen; denn in ihm ruhte, tückisch verborgen, eine Zigarrenschachtel mit einem Sortiment – ich wollte sagen, mit länglichen Nudeln, oder vielmehr mit zusammengerolltem Packpapier – nein, es waren zigarrenähnliche Gebilde von harmlosem, grünlichgrauem Äußern, aber grausamen Wirkungen.

Mein Vater war sonst ein tapferer Mann, der es mit allen Schicksalstücken herzhaft aufnahm – er hatte gegen Turkos und Zuaven gekämpft –, er besaß sogar den Mut, einen schlechtgefüllten Maßkrug zweimal persönlich an die Schenke zurückzutragen. Tante Gustis Zigarrenschachtel aber brachte ihn aus dem Gleichgewicht. Sein Gesicht wurde blaß, seine Stimme bekam einen umflorten Schmelz, und seine Hände zitterten, als er das Geschenk in Empfang nahm. Harmlose Gemüter meinen vielleicht, mein Vater hätte sich hinter der Ausrede «Nichtraucher» verschanzen können, aber Tante Gusti wußte nur zu gut, daß er keineswegs ein

Feind des guten Krautes sei. Zudem konnte er während der Anwesenheit unseres Besuches nicht von seiner lieben Gewohnheit lassen. Und er nahm mit Dank und schwerem Herzen an.

Die Folge war, daß ich längere Zeit mit einer Gesichtsfarbe herumlief, die den grasgrünen Zigarren wenig nachstand. Und das Kraut Tante Gustis, das ich in verschwiegenen Tempeln meiner Männlichkeit zu opfern pflegte, untergrub auf lange Zeit meinen sonst ganz ansehnlichen Appetit.

Aber um auf den «Zögerer» zurückzukommen! Nachdem er von den Kirchweihnudeln und der verantwortungsvollen Zigarrenkiste befreit worden war, stellte ihn meine Mutter auf den Speicher; denn unsere Großstadtwohnung war räumlich nicht dazu angetan, «Zögerer» von so weitläufigen Dimensionen zu beherbergen. Tante Gusti leitete persönlich die Überführung unters Dach und ließ sich vom Hausherrn einen schriftlichen Garantieschein ausstellen, daß ihr «Koffer» dort vor Mäusen sicher sei. Denn Tante Gusti liebte diesen «Zögerer» in Ermangelung eines Besseren wie ihr leibeigenes Kind.

Zu derselben Zeit schacherte ich von einem guten Freund ein «Kinihasen»-Ehepaar gegen eine defekte Taschenlaterne. Jeder halbwegs Einsichtige wird begreifen, daß eine Taschenlaterne eher ein Unterkommen findet als zwei «Kinihasen». Daran dachte ich in der Wonne des Augenblicks allerdings nicht. Ein schüchterner Versuch, meine neuen Freunde in meinem frisch überzogenen Bett einzulogieren, scheiterte an dem beträchtlichen Widerstand meiner Mutter.

Das Ende vom Lied war, daß mir und meinen Kinihasen das Haus verboten wurde, so lange, bis ... Was tun? – Zurückgeben? – Auf keinen Fall! Das verbot schon der unter uns Buben herrschende Ehrenkodex. Ich war nahe daran, weltschmerzliche Gedanken zu bekommen – da führte mich eine unbewußte Ideenassoziation vom Weltschmerz zu den Zigarren Tante Gustis und letzten Endes zu ihrem «Zögerer».

Anfangs graute mir selbst vor der Vermessenheit des Planes. Aber je mehr ich gegen ihn kämpfte, desto hartnäckiger faßte die ruchlose Absicht Wurzel in meinem Herzen. Und schließlich: Was schadete es denn? Niemand kam dahinter, und zur rechten Zeit wollte ich die Kinihasen schon wieder verschachern.

Und nun begann im Speicher ein geheimnisvolles Tun. Der «Zögerer» wurde mit Heu ausgepolstert und bot nun den Kinihasen ein prächtiges Domizil. Groß genug war er – eine bescheidene Familie hätte zur Not darin Unterkunft finden können. Kinihasen sind aber undankbare Geschöpfe und haben dazu nur wenig Lebensart. Tante Gustis «Zögerer» flößte ihnen keineswegs die gebührende Achtung ein, und sie waren schamlos genug ...

Ich muß bemerken, daß Tante Gusti dem «Fürsorgeverein für gefallene Mädchen», nicht aber dem für gefallene Kinihasen angehörte. Um so betrüblicher war das Ereignis. Eines Tages hatte die Kinihäsin vom Storch Besuch bekommen, und infolge dieses freudigen Ereignisses bekam der «Zögerer» vier neue Einwohner. Angesichts dieser Tatsache war mir zumute wie einem Familienvater in ähnlichen Verhältnissen. – Wohin damit? – Lange konnte ich mein Tun nicht mehr verbergen; denn die Mutter hatte schon einige Male mißtrauisch meine Speicherausflüge bemerkt. Morgen müssen sie fort! – Das stand fest. – Und wenn ich sie herschenken müßte.

Aber das Verhängnis nahte mit Riesenschritten in Gestalt eines unschuldigen Briefes. Tante Gusti wurde darin von ihrem Hausgeist gebeten, sofort abzureisen, da «Bubi» schwer krank sei. – «Bubi» war nämlich ein alter, asthmatischer Kater und neben dem «Zögerer» der Tante Gusti besonders ans Herz gewachsen.

Mein Vater segnete «Bubi» bis ins tausendste Glied seiner eventuellen Nachkommen und tröstete Tante Gusti: «Wenn du kommst, wird alles gut», sagte er mit nachdrücklicher Überzeugung und schrieb die Züge aus dem Fahrplan. – Tante Gusti aber raffte weinend ihre Habseligkeiten zusammen und stieg dann die Speichertreppe empor. – Ich hielt mich in respektvoller Entfernung und hatte das Gefühl eines Raubmörders, der das Schafott besteigt.

Tante Gusti erwachte nach zwei Stunden aus einer tiefen Ohnmacht, und ich rieb schmerzlich bewegt die Stelle, über die des

167

Sängers Höflichkeit zu schweigen pflegt. Bald darauf kehrte Tante Gusti gebrochenen Herzens in ihre Heimat zurück.

Wir erbten später nichts als den geschändeten «Zögerer», und das Osterlamperl darauf blickt mich heute noch mit strafenden Blicken an, sooft ich ihm zu Gesicht komme. Zur Zeit der Hundstage aber lege ich dem «Zögerer» in pietätvollem Gedenken Tante Gustis Bildnis in seinen dunklen Schoß.

Das Hochzeitsgeschenk

Ort: Glaswaren- und Nippes-Handlung von Sebastian Vordermoser.

Zeit: Gegenwart.

Personen: Frau Vordermoser. Er und Sie – ein Ehepaar als Kundschaft.

Er (gut unterwachsener und durchbluteter Herr, den irdischen Belangen wohl zugetan, anfangs 50).

Sie (nicht minder «guat beinand» mit viel kerniger Naturpolsterung).

Frau Vordermoser: Was wünschen denn die Herrschaften? Was wär denn gfällig?

Sie (indes er verlegen und ohne wärmere Anteilnahme den Blick über Nippes und Bilder schweifen läßt): A Hochzeitsgschenk hättn ma gern! – Scho a bißl was Guats, natürli net z'teuer, aber soll scho was gleichsehng.

Frau V. (bringt aus dem Hintergrund zwei bronzeähnliche Zinkgußfiguren auf marmorähnlichen Holzsockeln): Da hätt ich was sehr Schönes! A Gegenstück! Waar auf 'n Kommod wunderbar. Fischer und Fischerin. Sehng S': Er hat a Ruader und sie hat a Netz.

Sie: Ja – is scho sehr nett! Aber Staub fangt so was halt! Ma derfs jedn Tag abwischn, des is halt der Deifi mit de Figurn. Des taat i halt scheuchn wissen 'S!

Frau V.: No, is net so gfährli mit m Abstaubn. Kummt ja aa drauf o, wo s' stehnga.

Er: Überhaupts! Fischer und Fischerin – was tean denn de Leut mit so was! Daß no a Trumm mehr umsteht! Zoagn S' uns amal a paar Buider mit schöne Rahma! Des is wenigstens was Nützlichs.

Sie: Fürs Schlafzimmer was Passendes ...

Frau V.: Gern! Ham ma wunderschöne Schlafzimmerbuider, jede Größ – möchten S' liaber was Fromms oder was Weltliches. Oa mögn's so – und de andern so –.

Er und Sie: Des sehng ma na scho!

Frau V.: Da hätt i a prachtvolle büßende Magdalena. – Oans zwanzge lang. – Werd gern kaaft.

Er: Gfallat mir net schlecht. Was taat 's denn kostn? Fuchzehn Mark – is a bißl vui Geld ...

Frau V.: Aber schaugn S'nur de Rahm o, wos des für a Arbat is! –

Sie: I woaß net – a bißl wenig Gwand hat s' halt o. Woaßt as ja – wia die altn Schieferl san! Ob ma da a große Ehr aufhebat ...

Er: No, wern net glei blind wern davo. Solln halt wegschaugn wenn's eahna net paßt. In der Größ waar's richtig (nimmt einen Maßstab aus der hinteren Tasche, klappt ihn auf und mißt nach). Stimmt.

Sie: Zoagn S' uns doch no was anders ...

Frau V.: Recht ham S'; braucht ma ja net glei 's erste nemma! (Stellt die büßende Magdalena weg.) An wunderbarn Hochzeitstraum hätt i no hint ... Wos moana S' zu dem Buid? (In einer mondübergossenen Waldlichtung schaukelt in einer perlmuttrigen Muschel ein von rosa Schleiern umwalltes Mädchen, selig lächelnd, um sie und über ihr schweben Elfen und Englein, die eine Fülle farbenprächtigster Blumen auf sie streuen.) Dös is scho waas Guats, was Schöns! – Des hab i scho a dutzendmal verkaaft, an schöne Leut, derfa Sie's glaubn. Der Herr Gogl hat's für sei Tochter zur Aussteuer kaaft. Kenna S'n net, de wo des schöne Gschäft auf Nummero achtzehn ham! – Is scho wunderbar, das Gemälde.

Er und Sie: Ja, is scho a sehr a schöns Buid. – (Er mißt mit dem Maßstab nach.) In der Größ kunnt's recht sei a Meter zwanzg wia des andere! Gfallat mir glei no besser!

Frau V.: Ja, da hebatn S' sicher a Ehr auf damit. So was ist was fürs ganze Lebn! Kost aa fuchzehn Mark. Sehng S', neuli war a

Frau da, de hat zwoa Kaffeetassn kaaft, aa für a Hochzeit, aber sie kann si halt net mehr leistn; wia s' des Buid gsehng hat, hat s' gsagt: Des waar der sehnlichste Wunsch von mein ganzn Lebn, so a Buid.

Sie: Schö is scho! Aber halt aa a bißl frei, a bißl frei is. Kennst as ja, de altn Schieferl, wia de san! – Ma möcht's net verderbn wenn ma doch so vui Geld ausgibt ...

Frau V.: I zoag Eahna no was, aa sehr schön! Wos Landschaftliches! Werd aa sehr vui für a Schlafzimmer gnomma! «Abendstimmung in der Heide».

Er und Sie: Sehr schön! Das gfallat mir no am bestn. I moan des nemma ma! – Kost siebzehn Mark fuchzg. No ja, is ja aa um 20 Santimeter größer!

Er: Ja, da werd's halt was ham mit der Größ!

Sie: ... Weil s' na beleidigt san, wissen S', da hat scho a Tochter amal gheirat. Dera ham mir aa a Buid gschenkt. Aber das war akrat an Meter lang. «In einem kühlen Grunde» hat's ghoaßn. Wenn ma jetzt der andern oans mit an Meter vierzg zum Präsent macha, na san die erschtn beleidigt. Des mag ma aa net! – A Meter zwanzge, des gang no!

Er: Ja, da hättn ma an Mordsverdruß, des derf ma net toa. – Schad, des Buid waar ja wunderbar gwesn. In kloaner ham S' es net?

Frau V.: Na, kloaner hab i's net.

Sie: Des derf ma der Resl net otoa! Sie hat a so an Pick auf ihr Schwester. I moan, mir nemma doch den Hochzeitstraum.

Er: Mir is gleich! – Amal muaß ma si entschliaßn.

Frau V.: Is scho a großartigs Buid, da kaffa S' net schlecht! – Des hat no an jeden Freud gmacht. Siecht aa Mords wos gleich!

Er und Sie: Also na nemma ma's halt. – De Heidelandschaft waar ja no schöner gwesn. – Aber a Meter vierzig ... Des geht halt net.

Sie: De waar'n ja soo beleidigt!

Er: Na wickeln S' uns den Hochzeitstraum ei, Frau, damit a Ruah is ... Wega de zwanzg Santimeter ko d' Resl net beleidigt sei – aber vierzge größer ... des hätt ma ihr net otoa derfa!

Beide: Den Abend auf der Heide wenn's halt ghabt hätt, zwanzg Santimeter kürzer. – Des waar was Wunderbares gwesn ...

Die Sommerfrischfamilie

Da sitzen sie nach Feierabend zwischen Dunkel und Siehgstminet auf der Hausbank: der Hausvater, der Gabler, dampft seinen Kloben und läßt die Füße in das Wasserschaff hängen, die Bäuerin klaubt und sortiert aus dem Fallobstkorb in die Schüssel, sie hat's im Griff, was zum Einkochen taugt, das junge Volk, der Simmerl und der Hansl, so um die siebzehn und achtzehn, rankeln ein bißchen, die Urschl, die Älteste, hat den Sepperl, das Nesthäkchen, auf dem Schoß, die Magd, die Zenzi, sitzt nebendran und noch zwei Dirndln aus der Nachbarschaft.

Die Sommerfrischfamilie ist fort. Jetzt läßt man sie auf der Hausbank «durchlaufen». ... «Soweit waarn s' net übi gwen, verstanna han i s' ja net allweil. De schmatzn da an Zeug, daß d' grad lusn muaßt, bei de Breißn drobn ham s' halt do a ganz anders Mäui, und i han aa allweil alles nomal vodeutschn müassn, bal i was gsagt ho. Sag i zur Frau ‹In der Kuchl ent steht enger Milli› – sie hat mi fei net kapiert. Muaßt sagn wia da Schuilehra in der Schui: ‹In der Küchä steht engere Muich.› Nach und nach is scho ganga. Auf d'letzt hätt ma uns ganz guat unterhalln kinna.» – So sagt die Bäuerin. Der Bauer hat 's nicht mit dem Reden. Er sagt: «Schmatzt halt a jeder, wia er's glernt hat.» Die zwei Burschen, der Simmerl und der Hansl: «As Schuahplattln hat er aa probiert, der Junge, der Doktor. Is eahm sei Augnbrilln abigfalln und an Knöchi hat er si an de Ferschtn aufgschlagn. Zehn Maß Bier hat er uns ghoaßn, wenn wür's eahm beibringa, aber hat nix gnutzt. Is a so a Trumm Mannsbuid. – Hast' n gsehng beim Auflegn, wia ma an Woaz eigfahrn ham? Nix hat er auffibracht, samt seiner Foastn. Und nachher hat er mit sein Tschiugriff oder wia ma's hoaßt. Sagat er, mit seine Trick da legt er den stärkstn Mo hi. Hast es scho gsehng mit 'n Brunner-Xaverl. Den hat er aa sein Tschiugriff zoagn wolln. Aber der Xaverl hat'n so gspassig hintrigfeuert, daß Boana gscheppert ham. De ham eahnere Trix bei deni Schbort in der Stadt, aber mir herauß ham halt de unsern aa!»

«Zu mir», kichert das Nachbardirndl, hat er amal am Zaun hiebei gsagt: «‹Na, schönes Kind, hast du schon nen Schatz.› – Naa, hab i gsagt, wartn wer i no auf oan. Der Alt war ja aa a Hal-

171

lodri. A Lamperl, wann «Sie» dabei war, da hat er net bis auf fünfi zählt, aber hast as scho ghört von der Bruckenwirtsfanni, wia er allweil hinter ihra nachgamst is. Und grad Augn gmacht und tatschelt, wenn s' eahm a Halbe higstellt hat … Und von de Volksbräuch hat er aa allweil was wissen wolln, wia s' da is beim Fensterln, und von de Wuiderer hätten s' eahm allweil derzähln solln. – Mei Mensch, ham an de drunt oglogn beim Bruckenwirt …»

«Sie, d' Tochter, war ja a ganz a sauberes Bröckerl», sagt der Hansl. – «Geh zua», meint die Zenz, die Magd: «De – und sauber! A so boanig war de scho, koa Holz bei der Hüttn gar net!» – Die Bäuerin: «Sag des net, braucht net a jede glei so foast sei. – An so an guatn Gruch hat s' bei ihr ghabt, i hab i grad gern nachhi grocha.» Die Zenz: «Weil's an ganzn Tag mit sein Riachglasl eitröpft hat. – Der Webermichl, des saudumme Rindviech hat aa gmoant, er müasset si owandln. Kimmt er net letztn Samstag mit sein guatn Plüschhuat und sein neien Flaum drauf ummi. – Und grad gwart und gstandn bis aus'n Haus kemma is.» Der Bauer: «De werd si grad um so an Hihaha kümmern wia 'n Michi.» – Die Dirndln: «Derfat froh sei, wenn s' an solchen kriagat, werd schon in der Stadt so an Schlangafanger ham! – De wann eahm amal aufkocht … Fragt s' net neili, ob ma de Kaibi an Schokoladbonbon gebn derf.» – Die Bäuerin: «Geh seids do net gar so harb mit dem Madl. – Hat a jeds seine Fehler!» «… Und viermal im Tag a anders Gwand. – Sie aa, d' Frau. – Was de Weiber Koschtn macha. – … Mit an Gummiballn ist rumgloffa, wia a kloans Kind. Ham s' allweil auf der Wiesn eahnan Gymnastik gspuit …» Der Bauer: «Is wia's mag – geht uns nix o! Wer schö zahlt, werd schö begrabn.» – «Und a schöne Nachred kriagt er aa», sagt die Bäuerin und setzt hinzu: «Ihr Mäuler, ihr bäsn …!»

Maier – ai

Für eine echte, herzensstarke Muse bedeuten fünf Stiegen gar nichts, wenn sie den Dichter segnen will, der im «Juchhe» wohnt. «Juchhe» – das ist das Nest unterm Dach, die Mansarde, die frei von aller Erdgebundenheit in den Himmel juchzt, das Nest für Dichter, Maler und alle die Vögel, die man im ersten Stock am liebsten mit der Feuerzange anfaßt.

Da hauste auch der Dichter Joseph Maier – ai, und wenn die Hausmeisterin, die Frau Weinzierl, sonst ein scharfes Auge auf «gschlampate Verhältniss» hatte – gegen den Besuch der Muse konnte sie nichts einwenden. Die Literatur im allgemeinen und den Poeten Maier – ai im besonderen betrachtete die Frau Weinzierl indes mit jener Skepsis, die realen Naturen allem «Spinnat'n» gegenüber eigen ist.

An der Türe war mit einem Reißnagel die Karte angeheftet: Joseph Maier – ai, Dichter. Und darunter stand handschriftlich: «Gelegenheitsgedichte aller Art prompt und billig.» Neben der Glocke war ein Zettel: «Bitte zweimal läuten!» Und darunter: «Falls die Klingel nicht geht, bitte stark klopfen!»

Wenn jemand Joseph Maier heißt, so ist das an sich schon Pech genug, für einen Dichter aber ist dieser Name vernichtend. Auch das «ai» konnte dem Tüchtigen nicht mehr die freie Bahn bereiten. Ja, wenn man Goethe oder Schiller heißt, da hat man's leicht, in die Literaturgeschichte zu kommen! Aber versuch's einmal einer mit Maier, Joseph Maier! Er darf den Faust überfausten, und Mit- und Nachwelt wird über ihn ohne Wimpernzucken zur Tagesordnung übergehen.

Maier – ai hatte auch sein Römerdrama in der Schublade, seine Geschichte einer Jugend, drei Kilo Lyrik und einen Schollenroman, der nur so duftete, aber sei es, daß er damals noch nicht prompt und billig genug gedichtet hatte, oder war die Mitwelt wie immer verständnislos gewesen. –

Maier – ai hatte resigniert und sich mit einem kleinen Erbteil der angewandten Dichtung ergeben. Im «Anzeiger» stand jede Woche ein Inserat: Zu Hochzeiten, Begräbnissen, Geburtstagsfesten und Anlässen aller Art fertigt prompt und billig dies-

bezügliche Dichtungen und Vorträge Joseph Maier – ai, Kroaten-
gasse 15/4.

15/4! Das war so eine kleine dichterische Freiheit; denn man
kann als seriöser Dichter doch nicht im fünften Stock wohnen
und der erste Stock war ja eigentlich Hochparterre, nicht wahr! –
Kann man es aber der Frau verwitweten Kanzleirat Wambsgiebl
verübeln, wenn sie Herrschaften, die von ihr eine Festrede anläß-
lich eines 25jährigen Hebammenjubiläuims wollten, allmählich
empört die Türe vor der Nase zuschlug? Kann man es ihr verübeln, daß sie einen Groll auf die deutschen Dichter bekam,
durch deren Existenz man unliebsam aus dem Verdauungsschlaf
geschreckt wurde? Sie ließ deshalb auch ihrerseits ein Schild an
der Türe anheften: Zum Dichter, fünfter Stock!! Mit zwei Aus-
rufezeichen. Und stand nicht an, im Verein mit der Frau Weinzierl eine starke Abneigung gegen den Baum im deutschen Dich-
terwald Maier – ai zu hegen.

Maier – ai aber ließ sich küssen – von der Muse natürlich, und
zwar vormittags von neun bis zwölf und nachmittags von zwei bis
vier, denn er war an Ordnung aus seiner früheren Konzipisten-
laufbahn gewöhnt. Seine Auftraggeber waren unterschiedlicher
Art, wie auch die Gestaltungskraft Maier – ais. Um fünf Mark
konnte man schon einen Genius haben, der um die Geschäfts-
eröffnung des Hafnermeisters Bastlinger einen Kranz rauschen-
der Hexameter wand. Amor, der lose Schelm, schoß um sieben
Mark fünfzig zum Polterabend des Fräuleins Strähhuber zwei Seiten lang seinen süßen Pfeil retrospektiv durch die Verlobten, um
zehn Mark ritten für die Festrede des Kassiers Dobmaier sämtliche deutschen Klassiker mit ihren zündendsten Aufsatzthemen in
die Arena des Vereins «Harmonieklub», und bei einem Begräb-
nisvers für eine Todesanzeige bekam man schon um drei Mark
eine gut eingeschenkte schäumende Maß aus Lethe und Tränen
ausgehändigt.

Sagte aber gar ein Kunde, dem noch ein Herz für wirklich
prompte Literatur im Busen schlug: kimmt mir net drauf o, was
kost, so brachte Maier – ai sämtliche olympische Ganz- und Halb-
jungfrauen, Götter, Helden, geflügelte Genien und Symbole tra-
gende Himmelsknaben auf den Plan, und das poetische Bauwerk

war so herrlich anzuschauen wie eine Kommerzienratsvilla, an der der Baumeister mit Stuck und Stil die üppigsten Fassaden erzeugt hat. Freilich, die Frau Weinzierl war all diesen nach dem klassischen Quell lechzenden Besuchern Maier – ais nicht gewogen. – Tragn dir, dö Luader, an Haufa Dreck ins Haus! Und die Frau Kanzleirat Wambsgiebl wischte ihren wöchentlichen Treppenabsatz mit einem Putzlumpen, der mit so viel Galle gesättigt war, daß jede Lauge überflüssig schien.

So war das nun schon eine geraume Weile. Da, eines Tages, als Maier – ai eben seinen eigenen Treppenabsatz fegte (die Frau Weinzierl ließ da nicht spaßen!) und nebenbei an einem sinnigen Prolog zur silbernen Hochzeit feilte, kam die Frau Wambsgiebl zu ihm an die Stiege, grüßte den Poeten mit einer herzlichen Freundlichkeit und erbot sich aus freien Stücken, den Treppenabsatz «mitzunehmen». Sie habe nämlich ein Anliegen. Bitte sehr, sagte Maier – ai zuvorkommend und trug den Putzkübel voran in sein Studio.

Mit verbindlicher Handbewegung bot er der Kanzleirätin Platz auf einem dreieinhalbbeinigen Stuhl an, legte einen Band Brockhaus unter und stellte eine Schüssel Erdäpfel aufs Fensterbrett. Dann strich er die Locken aus der Stirne und fragte: «Womit kann ich dienen, gnädige Frau?»

Ja, also, und es sei nämlich so – die Frau Wambsgiebl zupfte verschämt errötend an der Schürze – also ein Bekannter von ihr, ein hochsolider Mann, ja – in der Bahn habe sie ihn kennengelernt und er habe ihren schweren Koffer getragen, also so gebildet und höflich überhaupt und in Würzburg wär er ein höherer Beamter an der Landwirtschaftsstelle und ein wirklich schöner Mann für seine Jahre, so ritterlich und pensionsberechtigt – und überhaupt – kurz und gut: man habe sich kennen und lieben gelernt und nächste Woch wär sein Geburtstag, sein fünfundvierzigster, und ein silbernes Zigarettenetui habe sie ihm schon gegeben, aber er wär so ein idealer Mann, so fürs Höhere, und da meinte sie, ein Gedicht tät ihm halt eine rechte Freud machen. Aber nachdem sie halt dazu keine Talente hat – ob der Herr Maier, der Herr Doktor Maier, nicht so gut sein wollt und es käm ihr nicht drauf an ...

Maier – ai, dem von seinen Kunden wie einem Beichtvater vieles aus dem Herzen anvertraut ward, nickte zustimmend und verbindlich und versprach, sein Bestes zu leisten. Er geleitete die Kanzleirätin zur Türe hinaus, und man verabschiedete sich mit einem Händedruck. – Aber nochmal öffnete sich spaltbreit die Türe, und die Frau Wambsgiebl teilte dem Dichter als Nachtrag mit, daß also der Bekannte, der wo also – eigentlich also ihr Bräutigam, der sei einen Meter achtzig groß, wenn man das anbringen könnte.

Und Maier – ai versprach auch dies; denn für das wahre Genie gibt's keine Grenzen.

Maier – ai schirrte seinen Pegasus an, hieb ihm die Sporen in die Weichen und galoppierte geradenwegs über ein paar langhalsige Kamine hinweg in den Brauthimmel der Frau Wambsgiebl hinein.

Zwei Wochen später. – Bei dem Dichter saß wiederum die Frau Wambsgiebl im Studio, und ihr Antlitz war rot und ihre Augen naß. In der Hand hielt sie die dreißig Verse und das Papier war zerknüllt, und Tränenspuren liefen durch die violetten Schriftzüge.

Und Maier – ai saß ihr gegenüber, verbindlich, diskret, ganz Beichtvater und Poet. Also, wissen S', indem daß ich ihm einen ganz neuen Gehrockanzug auf Seide machen hab lassen und eine wunderbare Wasch, ja also und zweitausend Mark in bar und von dem Zigarettenetui sag ich noch gar nicht – und Herr Maier –, ihre Stimme bekam einen Bruch – wie h a b ich diesen Menschen geliebt und vertraut, unter uns gesagt, und jetzt – auf und davon! Was sagen Sie d a z u, Herr Maier!

Und in dem Hotel, wo er g'wohnt hat, fehlt die Bettwasch, und zahlt hat er nichts und – o – Herr Maier ...! Mit einem abgrundtiefen Seufzer senkte sie das rundliche Näschen wieder ins Taschentuch.

Maier – ai, immer verbindlich und entgegenkommend, strich die Locken zurück und sagte mit umflorter Stimme, er seinerseits sei gern bereit, das Gedicht wieder zurückzunehmen und die Hälfte des Honorars infolge eingetretener Verhältnisse zurückzuerstatten. Kulant, kulant! Das war sein Wahlspruch als Mensch, Maier und Dichter.

Indes die Frau Wambsgiebl dankte für das Entgegenkommen und sagte, das Gedicht sei ihr auch so eine wertvolle Erinnerung an bereicherte Welt- und Menschenkenntnis und an – trotz allem – schöne Stunden. Ob Sie vielleicht Ihrerseits den Herrn Doktor Maier auf eine Tass Kaffee für morgen nachmittags einladen dürft. – Ja, das durfte sie.

Zwar wunderte sich Frau Wambsgiebl andern Tags nach der Kaffeevisite, wie gefräßig deutsche Dichter bei den Höhenflügen ihrer Seele sind, – aber im großen und ganzen: dieser Maier – ai war eigentlich ein sehr netter Mann und so gebildet und dann immerhin, das Ideale und überhaupts so solid dabei ... Sie nahm das Gedicht aus dem Sekretär und las es nachdenklich durch. – Es war wirklich schön! –

Die Frau Weinzierl hatte nichts mehr zu klagen. Der Treppenabsatz des Dichters war nun immer wie geleckt und auch Maier – ai spürte einen Umschwung der Dinge. Bald brachte ihm die Frau Kanzleirat ein Stück selbstgebackenen Guglhupf zum Verkosten, ein andermal lud sie ihn ein, ein Gläschen Nußlikör bei ihr zu trinken – selbst angesetzt – als Maier – ai Katarrh hatte, ruhte sie nicht eher, als bis er sich von ihr Fliedertee hatte kochen lassen, und als ihm einmal ein Knopf etwas verloren am Rock baumelte, da nähte ihn die Frau Wambsgiebl fest und sagte zwischen zwei Stichen hinein, daß das Dichten eigentlich ein herrlicher Beruf sein müßte, und als junges Mädchen wäre ihr einziges Ideal gewesen, einen solchen zum Mann zu kriegen. – Maier – ai, in den sie ihr spätes Liebesglück und Liebesleid versenkt hatte, wurde immer mehr ihr Vertrauter.

Und eines Mittags, als ihm die Frau Wambsgiebl einen wirklich delikaten Apfelstrudel zum Verkosten hinaufgebracht hatte, da zog der Dichter Maier ein Feierkleid über seine Seele und goß – jenseits aller Tarife – seine Gefühle für Frau Wambsgiebl in ein Huldigungsgedicht, gegen das Apollos Gesänge unbezahlte Schneiderrechnungen waren. –

. Und so grünte denn über kaum vernarbte Herzenswunden, wie der Poet so sinnig sagte, ein neuer Lenz über Frau Wambsgiebl auf, und das Ideal ihrer Mädchenjahre ward erfüllt.

Das Schild «Zum Dichter fünfter Stock!!» war eines Tages verschwunden, und wenn nun auch bei erhebender Poesie der Kuß der Muse ein anfeuerndes Stimulans ist –, so darf man anderseits die Einwirkungen von Apfelstrudel und Nußlikör auf die deutsche Literatur nicht verkennen.

Am Hochzeitstag trug das Linerl von der Frau Weinzierl ein herrliches hausgebackenes Hochzeitskarmen des Bräutigams vor, das ebenso wie der gleichgeartete Festguglhupf allseits Anerkennung fand, denn es war in beiden Werken an Rosinen nicht gespart. Braut und Bräutigam hatten ihr Bestes getan. Im «Anzeiger» stand Joseph Maier – ai, Dichter, und Magdalena Maier – ai, verw. Wambsgiebl, Vermählte.

178

Und darunter: Zu Hochzeiten, Begräbnissen und Geburtstags-festen aller Art fertigt prompt und billig diesbezügliche Dichtun-gen. Der Obige.

Stiegenhaus

Aus den Tiefen der Mietshäuser

Die schwarze Hand. An der ersten Treppenstufe steht, von vielen Tritten schon verwischt, das Kreidezeichen, seltsame Runen und Symbole eines Geheimbundes, der über das Haus die Acht ver-hängt hat. Hinter den Mauern im Stiegenhaus rasselt und zischt und wischt es. Geister, die unter dem Stein ihren Spuk treiben. Die Speichertüre schlägt in den Angeln hin und her wie ein ge-spenstischer großer Flügel, und an der Wand lehnt die schwarze Leiter des Kaminkehrers, der da oben sein Reich aufgeschlagen hat. Die Frau verwitwete Geheimsekretär Wambsgiebl kraxelt empört die Stiege hinauf, denn da oben im Speicher hängen ihre Paradekissen. Das ging ihr grad noch ab! Und sie rettet die kost-baren Stücke eilends vor dem Zugriff der schwarzen Hand. Als sie an der Leiter vorbeikommt, legt sie schnell drei Fingerspitzen an eine Sprosse. Das bedeutet Glück.

«... Gel, Sie glaabn aa dro», sagt die Rosi, das Doktorkocherl vom zweiten Stock, das der Frau Geheimsekretär oben be-gegnet. «I hab aa grad unser Wasch im Speicher vor dene gschertn Kaminkehrerlackeln derrett! – So oft i a Loater steh siech, glang i s' o!» – Die scharfen geschwinden Mannsaugen der Frau Geheimsekretär gehen an der Rosi auf und nieder und bleiben an einem schwarzen Rußfleck auf Rosis Nasenspitze haften.

Sie sagt spitzig: «Aberglaubn hin – Aberglaubn her. Die ein langa d'Leiter an, und de andern an Kaminkehrer ... Da, an der Nasenspitzn ham S' Eahna voll Ruß gmacht, Fräul'n Rosi!» Und die Frau Geheimsekretär steigt mit ihren Paradekissen unterm Arm majestätisch, ernst und sittenstreng zu Tal wie Moses mit den Gesetzestafeln.

Die Frau Geheimsekretär ist das Hausauge. Sie verbringt keine kleine Zeit des Tages hinter dem runden Guckerl, und was immer an Geräuschen im Stiegenhaus laut wird, das ruft sie auf Posten. Dann geht lautlos das Deckelchen hinter der Tür seitwärts, und aus dem runden Glasauge pirschen sich die Blicke hinaus. Gasmann und Monteur, Hausierer und Bettler, Zettelverteiler und Briefträger, Zeitungsfrau und Köchin – wer immer vorüberkommt, wird länger oder kürzer «bestrahlt». Manchmal öffnet sich der Türspalt. Pst! Pst! Die Frau Geheimsekretär lotst den Telegraphenboten heran. Sie muß es wissen, zu wem der will, auch der Geldbriefträger soll Rechenschaft geben über Wohin und Wieviel, und der Bettelmann bekommt sogar einen Zweiring, wenn er sagt, was für eine Suppe sie ihm bei Biglmaiers gegeben haben. Erbsen! Aha! Da kriegt der arme Mann mittags wieder nur Wiener Würstl! So eine kann ja kein Rindfleisch sieden!

Aber jetzt – horch! Oben werden Schritte laut! «Die Person» kommt herunter. Das ist für die Frau Geheimsekretär am

Guckerl ein Affekt wie für den Weidmann das Auftauchen eines Achtzehnenders. «Die Person» ist für das Guckerl der Blick- und Angelpunkt im Stiegenhaus. Noch weiß man fast nichts von «der Person». Sie ist alleinstehend, geschieden, elegant – die Männer, diese geschmacklosen Burschen, finden sie hübsch. – Sie soll studieren. – Schauspielerin soll sie auch gewesen sein ... Ah! Da ist sie. – Das Auge hinterm Guckerl zielt scharf. Wieder ein neues Pelzkostüm! Woher «die Person» nur das Geld dazu hat? Die Zugehfrau, die Bachl, muß es doch noch rausbringen, was «die Person» von ihrem armen geschiedenen Mann bekommt. Gestern ist sie um neun Uhr weg und erst nachmittags um vier Uhr heimgekommen. Und Rosen hat sie dann dabeigehabt. Die – und Medizin studieren? Von so einer Person ließe sich die Frau Wambsgiebl nicht einmal in den Hals schauen ... Jetzt ist sie schon die Treppe hinunter. Die Frau Geheimsekretär öffnet die Tür zu einem schmalen Spalt und schnuppert ins Treppenhaus. Natürlich wieder ein ganz ausgschamtes Parfüm! So eine Person weiß ja, auf was die Männer fliegen. Nur fest eintröpfeln! – Eine Schand ist's, in so einem soliden Haus ...

Die Frau Geheimsekretär wird heut nachmittag um vier Uhr wieder auf Posten sein. – Das Glasauge in der Tür schließt sich für drei Minuten, nur so lang, bis Makkaroni im Tiegel umgewendet sind. – Dann ist das Stiegenhaus wieder von seinem Horchposten besetzt.

Kinder haben in der Schul ein Stückchen Kreide mitgehen lassen. Jetzt steht unten im Flur, quer über die Wand geschrieben: «Der Biglmaier-Schorsch ist ein Af. Ich Eßel muß ales leßen.» Auch Manndl und Häuseln sind daneben gemalt. – Die Hausmeisterin hat den Schlodererbuben stark im Verdacht. Denselben, der immer übers Geländer rutscht, der im Hausgang Raketen und Frösche abbrennt und den Kitt von den neueingeglasten Fenstern kratzt.

«Derwischen wenn i 'n halt amal tua, den Saubuam, seine Pratzn schlag i eahm weg. – So oaner bringt oan no unter d'Erdn! Aber waar ja a Wunder, wenn von so ara Bagasch was Gscheids kemmat ...»

Die Frau Schloderer hat das harte Wort «Bagasch» durch einen der hundert Ratsch- und Tratschkanäle des Hauses angeschwemmt erhalten. Deshalb findet auf dem dritten Treppenabsatz ein Meinungsaustausch statt: Schloderer kontra Hausmeister.

«... Eahner gebn ma no lang koa Bagasch ab, Sie ordinäre Hausmoasterlarva! – Schaugn S' nur auf Eahna Anni auf, über de fallt ma auf d' Nacht im Hausgang nüber, wenn s' mit dem ihrigen in der Eck rumpussiert. – Mei Maxl tuat koaner Fliagn was o ...»

«... Den siech i no amal, Eahnern Maxl, mit dem könna S' no was erlebn, daß der auf Numero Sicher aufghobn is. A solches Gschwerl im Haus ghörat ...»

«Sepp! Sepp! Kumm raus! Gschwerl sagt der Schlampn zu uns ...»

Ganz leise geht bei Frau Geheimsekretär Wambsgiebl die Tür in den Angeln, und das linke Ohr richtet sich feinschmeckerisch eine Treppe aufwärts.

Der Zettelverteiler im dünnen Sommerüberzieher hält in klammen, blaugefrorenen Fingern sein Paket Reklamebögen. Treppauf, treppab, von Briefkasten zu Briefkasten legt er den Hausfrauen die Empfehlung des Waschmittels. Da in der Fensternische sitzt ein alter Bettler und löffelt dicke Brocken aus der dampfenden Suppe heraus.

Die Augen des Zettelverteilers gehen für eine Sekunde hinter den Brillengläsern verlangend nach dem vollen Teller. – Vorbei. Er, der *stud. phil.*, der sich von Tag zu Tag sein Leben und Studium erkämpfen muß, darf nicht daran denken, in einer Fensternische im Stiegenhaus ... Nicht daran denken ...

Am Abend, wenn das Tor geschlossen ist, das Stiegenhaus im Dunkel liegt, stehen groß und gruselig die Schatten der Fensterkreuze an den Wänden, da knacken Dielen und ächzt die Wasserleitung. – Der Heimkehrer drückt auf den Knopf, der Licht machen soll, aber vergeblich; denn von selbst richtet sich eine kaputte Treppenhauslichtleitung nie wieder ein. Wunder geschehen nicht mehr.

So tastet sich Fräulein Lina, ein ängstliches Mädchen vom vierten Stock, am Geländer empor. Sie kommt aus dem Kino und muß nun alles Vergnügen an Micky-Maus und alle Spannung an Marlene Dietrich mit schrecklichem Herzklopfen bezahlen. Sie strebt knieschnacklig durch die Finsternis. – Räuber können da in den Türnischen verborgen sein, die es sowohl auf ihr Handtäschchen wie auf ihre Unschuld abgesehen haben, Geister treten vielleicht aus der Wand heraus und fangen an zu spuken ... Knacks ... da ist jemand oben ...!

Und oben hält zitternd Herr Aktuar Hingerl seinen Maßkrug umspannt. Er war grad auf dem Weg, sich noch eine Halbe aus der Wirtschaft zu holen. – Wer weiß, wer sich da unten im Dunkeln herumtreibt.

Am Guckerl der Frau Geheimsekretäraber rührt sich der Deckel. – Sie hält Ausschau nach «der Person» ...

Krieg im Stiegenhaus

Das geht ganz leise an. Die Frau Obermaier vom dritten Stock hat gerade die Stiege schön sauber gewischt. Da muß natürlich diese g'schupfte Person, die Verwalter-Fanni vom vierten Stock, heraufkommen. Mit ihren damischen Russenstiefeln. Auf die hat die Frau Obermaier so schon einen Gift. Aber schließlich kann das Fräulein Fanni nicht wie ein Geist durch die Lüfte in den vierten Stock schweben. Sie muß die frischgeschrubbten Stufen hinauf. Da bleiben natürlich Spuren zurück. Die Frau Obermaier sagt nichts. Sie ist eine friedliebende Natur. Aber wenn Blicke töten könnten, dann läge das Fräulein Fanni entseelt am Treppenabsatz. Die Frau Obermaier murmelt unter ihrer Tür ganz leise, aber doch noch bis zum vierten Stock hörbar: «Amsel, zsammzupfte! Mit de Trittling umanandasteign ... d' Haxn brecha ...!»

Das bleibt nicht ohne Nachhall in dem empfindsamen Gemüt von Fräulein Fanni. Kann es einen wundern, wenn sie die Türen etwas fester ins Schloß fallen läßt, morgens und abends, so daß unten bei Obermaiers der Lampenschirm leise zittert. Da muß nach einigen Tagen doch mit dem Besenstiel gegen die Decke geklopft werden. Energisch.

Worauf bei Obermaiers ein Zettelchen im Briefkasten liegt: Bitte uns nicht durch unverschämtes Klopfen zu belästigen. Worauf bei Verwalters ein Zettel ankommt: Verbitten uns jedes Zuschlagen der Türen wie ein Schmied. Ersuche um ruhigeres Aufführen.

Und dann messen sich die feindlichen Parteien bei Begegnungen so, als ob die andere Pest und Aussatz am Halse hätte. Bald sind im Haus zwei Lager, die entweder zur Fahne Obermaier oder zum Banner Hinterhuber stehen. Im Milchladl werden von Fräulein Fannis Lebenswandel aufregende Gerüchte kolportiert, indes bei der Kramerin über Frau Obermaiers Qualitäten als Hausfrau durchaus absprechende Gutachten zur Ausgabe gelangen.

«De Fanni wann mir g'hörat – de hätt ma an Hintern no net z'weit drobn, daß i ihr net amal a paar richtige gebat. Ham mir s' erscht neuli wieder um elfi im Hausgang bei oan steh sehng.»

«Mir ham als junge Madln beim Gebetläutn dahoam sei müasn. Aber de wachsn ja heut auf wia a Zigeunerzügl. Schaugn Sie s' nur grad o, Frau Pfanzelt, mit ihrn ogmaltn Mäui.»

«De Obermaierin, der ihr Mo wann i waar, Frau Grabler, de hätt mi schon lang gsehng. Des, was der z'Mittag kriagt, da möcht i mit koaner Stopfnadel neiglanga. Und ham Sie de Frau scho anders gsehng als mit Löcher in de Fersn? De braucht si scho aufmanndln, wenn ma amal über d' Stiagn geh muaß. Des is a so a Ausnahm, daß de amal abiwischt. ... Da kummt an d' Schuah höchstens a Dreck hi, wenn man über ihr putzte Stiagn geht ...»

«... Wer – i hätt so was von Eahna gsagt?! Umfalln derf i, wenn so was wahr is! Fräuln Fannerl, Sie wissn 's ja, daß i allweil zu Eahna halt ... So, d' Schäuferl-Pepi hat Eahna gsagt, daß i des gsagt hätt'! Aber mit der red i a Wörtl. Paßt mir ja so grad, weil mir de Molln allweil as Waschhaus vor der Nasn wegnimmt.»

«Frau Obermaier, wia könna S' denn glaabn, daß i solchane Sachn sag. I misch mi doch überhaupts in nix nei. I hab von Eahna no koa unguats Wort gsagt ... Weil d' Schleibingerin neuli gsagt hat, Sie machatn so an Spektakl mit Eahnern Lautsprecher, des hat mir d' Kiefl-Rosa gsagt, daß des bei der Kramerin gsagt ham. I bin bloß zufällig dabeigstandn ...»

Anonyme Briefchen flattern durch das Haus. Vor jeder Tür ist Explosivstoff gelagert. Hinter den Türguckerln lauern Späheraugen. Das Fräuln Fanni, die Obermaierin, die Schäuferl-Pepi, die Schleibingerin, die Frau Grabler, die Milchfrau, die Krämerin, alle sind mit allen übers Kreuz. Das Haus ist verfeindet, weil ein paar Russenstiefel über eine frischgewischte Treppe gingen.

In vielen Häusern der Großstadt lebt jahraus, jahrein offener oder heimlicher Krieg. Da ist immer eine Partei, eine Mieterin, die den Brandherd bildet.

Und so entbrennen über die Stockwerke hinweg um einen versetzten Waschtag, um ein Blumengießen auf dem Balkon, ums Teppichklopfen oder um die verstreute Asche langjährige Kriege der Sippen, und die verwickelten Konflikte im kleinen Haus beizulegen ist fast noch schwerer als in der großen Politik.

Der Fahrschein

Es war natürlich ein Reklamefahrschein. Er trug auf der Rückseite die Anpreisung einer Kognakbrennerei und als ich ihn erhielt, war mir schon ganz alkoholselig im Gemüt.

Ich war wieder einmal mit dem Schicksal ganz versöhnt, das mir die Anwartschaft auf heitere Lose schon in der Straßenbahn in den Schoß warf. Mit verklärtem Angesicht betrachtete ich das Papierchen, las das kleine Einmaleins, das der Schaffner am Rand anstreichen muß, und hatte meine Freude an den Lokomotivchen, die da an den Endpunkten eingezeichnet sind. Und dann schnupperte ich wieder aus der Rückseite das herrliche Kognakaroma heraus und dachte: Den hebst du dir aber auf! Eine Flasche Schnaps gewinnt man nicht jeden Tag. Denn daß ich sie gewinnen würde, daran zweifelte ich keinen Augenblick, weil in meinem Heimgarten so herrliche Kartoffeln wachsen.

Ich fältete den Schein mit Sorgfalt und Liebe zusammen. Der Herr mir gegenüber mit der Hufeisenbrillantbusennadel hatte auch einen Losschein bekommen. Er legte ihn auch zusammen, benützte ihn aber dann impulsiven Reinlichkeitsdranges voll als Zahnstocher.

Ich zog eine Zeitung aus der Tasche, las Berliner Schilderungen aus der Kolonie Bayern, vergaß allmählich Fahrschein und Kognak und lebte einige Stationen weit für mich hin in der stillen Welt zweier Zeitungsblätter verborgen.

Faaahrscheine bitte vorzeigen – bitte die Faaahrscheine ...

O, da knicke ich jedesmal zusammen. Da läuft's mir immer kalt über den Rücken ...

Ich legte die Zeitung beiseite und fliegende Fieber durchglühten mich.

Man soll von alten guten Kindersitten nicht leichtfertig abgehen.

Kinder tragen ihren Fahrschein fest in der geballten Hand vom Anfang bis zum Ende und sagen dabei ununterbrochen die Zielstation der Unterfahrt ... Unterfahrt ... Unterfahrt ...

Die brauchen den Kontrollbeamten nie zu fürchten. Indessen unsereins ... Ja – wo war nun mein Reklameschein? – Mein Gegenüber holte den seinen mit satter Zufriedenheit über seinen Ordnungssinn aus den Zähnen heraus. Ich fingerte gewohnheitsmäßig in der Westentasche, wußte aber schon – fiebernd – daß er dort nicht ist.

In einer schlimmen Migränestunde hat des Teufels Großmutter den Schneidern eingegeben, an allen Ecken und Enden der menschlichen Schale Taschen und Täschchen anzubringen, mit der hämischen Gewißheit, daß sich darin die Fahrscheine verkrümeln, die Milch der frommen Denkungsart dem Fahrgast gerinnt, sauer wird, und er mit etlichen Flüchen und guten Vorsätzen zur Ordnung ein Stück Weg zur Hölle weiterpflastert. Ingleichen tückisch wurden die Fahrscheine erschaffen, Kreaturen von so abgefeimter Bosheit, daß man hilflos ihren Tücken ausgesetzt ist. Sie winden sich durch die Finger spielerisch, wie verträumt, und finden mit nachtwandlerischer Sicherheit ein Plätzchen, an dessen Selbstverständlichkeit sie kein suchender Finger vermutet. Verfluchte Zeitung! Verdammte Politik!

Wo ist mein Fahrschein??!

Die Finger kribbeln und krabbeln durch alle Höhen und Tiefen des Westentaschels und zerren Dinge ans Licht, die schon seit Jahren als vermißt nun mit Wollwutzerln und Fäden behangen der angeregten Mitwelt eine Augenweide bieten: Kragenknöpfe und Briefmarken, Radiergummi-Fragmente und Bleistiftstümperl, zerbröselte Zigaretten und Notizblättchen, deretwegen man schon die Wohnung auf den Kopf gestellt hat, zerknickte Visitenkarten und – hol's der Kuckuck – wie infam der Backfisch drüben lächelt – ein gut erhaltener Ditzel, den ich vor einigen Wochen auf der Straße fand und als Menschen- wie als Säuglingsfreund aufhob.

Das alles sammelt sich wie der Nibelungenhort in der hohlen Hand und der Zeigefinger angelt im Westentaschelloch und angelt hinunter zur Naht und angelt ein Fünferl herauf – aber kein Fahrschein ist da.

Und in fliegender Hast werden die gehobenen Schätze in die Rechte umparkiert und die Linke bohrt und bohrt Wachskerzchen, Wattebauschen, Zündhölzer, Aspirintabletten und einen Messingring ans Licht, zerknitterte Theaterkarten und ein paar Haselnußschalen – unendlich viele alte Fahrscheine, die man mit List und Hoffnung wie ein Geduldspiel zusammensetzt, um sie gebrochen und verbittert dahinflattern zu lassen ...

Die Hände werden zappelig und leise Flüchlein reihen sich wie Perlen zu einer Schnur, indes die Hand in die Hosentaschen fährt, Messer, Geldbeutel und Schlüssel umorientiert, dann mit jähem Ruck – wie ein Ertrinkender sich an den Strohhalm klammert – zur Brusttasche fährt und verzweiflungsvoll dann den Körper abtastet. In fliegender Eile wird die Brieftasche durchgefilzt und der Nachbar neigt sich mit viel sachlichem Interesse über Korrespondenzen, Karten, Bilder darin. Dann senkt man mit jähem Ruck das Haupt zu Boden, sucht auf dem Sitz und unter dem Sitz und in den Rinnen, klaubt Kirschkerne, Stullenpapiere und Fahrscheinreste durch, die Herren ziehen teilnehmend die Beine an und die Damen wickeln den Rock um ihre unbescholtenen Wadel. Der Kopf glüht wie eine Pfingstrose, faustdicke Schweißtropfen stehen auf der Stirn, und der Zeigefinger angelt bereits, auf der dritten Rundreise begriffen, wieder im linken Westentaschl. Da steht das Verhängnis vor einem und sagt höflich, aber bestimmt: Faaahrscheine, bitte die Herrschaften die Faaahrscheine. – So.

Man angelt immer noch. Nur mehr zum Schein. Man weiß ja, es ist nichts mehr zu wollen. Ogottogottogott! Und ich war noch nie im Zuchthaus und jetzt steht der Einkassierer des Schicksals vor einem und behördliche Konflikte geistern greifbar durch den Raum.

Ein Dutzend Augenpaare hängt an meiner jammervollen Gestalt und in den Augen der glücklich Besitzenden ist jene reine Mischung aus Anteilnahme und Schadenfreude, die man hat, wenn man die Klinke der Zahnarztzimmertüre dem Nächsten in die Hand gibt. Diese Augen! Wie satte Schlangen züngeln sie an einem herum: Aha! Der hat keinen Fahrschein! Fahrschein verloren! Was jetzt, he!? Und man rückt sich wie in der alten römischen Arena bequem auf dem Sitz zurecht, um das Schauspiel zu genießen. Der Herr mit dem Brillanthufeisen reinigt nebenbei – ein doppelter Genießer, seine Zähne mit dem in Ordnung befundenen Schein, der Backfisch wogt vor leidenschaftlichem Interesse am Ausgang der Sache mit der Haarschleife auf und nieder und das alte Fräulein halblinks nimmt ihren Stangerlzwicker, betrachtet mich mit gruseliger Neugier wie den Banditen Hölz. Alle halten den Atem an. Meinetwegen. Brennpunkt! Dem Weinen nahe, fahren die Hände wieder in die Hosentaschen und wühlen und zerren und kratzen und ich weiß doch: Der Fahrschein weicht den Fingern aus. Er ist da. Irgendwo! Grinst teuflisch aus seinem Hinterhalt und denkt: Woran ich's meine, so ganz alleine, woran ich's meine Freude hab' ...

Der Kontrolleur wartet verbindlich, geduldig, etwas ungeduldig, ich reiche ihm wie zur Beschwichtigung einige Fahrscheinreste aus der sonnigen Kinderzeit noch ... Er prüft sie gewissenhaft mittels eines Zwickers und seiner reichen Erfahrung, und sagt dann sachlich, aber nicht ohne Schärfe: Dös is a alter! Man hat umsonst ein Stoßgebet zum Crispinus verrichtet um ein Wunder. Die Kontrolleure sind gegen überirdische Einflüsse absolut gefeit.

Die Augen der Fahrgäste leuchten selig auf: in reinem Mitleid und in reinster Befriedigung. Einige hatten schon befürchtet, es könnte der rechte Schein gewesen sein.

Und die Finger bohren wieder in den Westentaschen und fegen durch die Brieftasche hindurch wie der wilde Jäger in den 12 Rauhnächten.

Mittlerweile hat sich der Schaffner der Situation und dem Kontrolleur beigesellt und betrachtet mich mit gerunzelten Brauen als einen, der schon wieder Schwierigkeiten macht.

Der Kontrolleur gibt mir eine Gnadenfrist und fertigt die nächsten ab. Dann kommt er wieder und ich strecke mit Arm-, Waden- und Fingerkrampf, mit umgestülpten Taschen und Augäpfeln die Waffen vor ihm.

Es ist nicht wegen dem Geld!

Es ist wegen der Schand!

Liebe Leute! Die Blicke, als ich bei der nächsten Station ausstieg. Der Backfisch sah mir durchs Fenster nach, bis die Straßenbahn um die Ecke war.

Ich nahm erschöpft mein Augenglas ab, um es zu putzen. Siehe: da schwebte engelrein und engelsanft mein Schnapsfahrschein hernieder, den ich unter die Brillenstange geschoben, als ich in der Straßenbahn die Zeitung entfaltet hatte.

Die Brille fiel ihm in der ersten Überraschung nach, sie schwebte aber nicht sanft zu Boden, sondern sehr heftig, und ich konnte nur mehr die Scherben sammeln. Als ich beim Optiker eine neue kaufen wollte, merkte ich, daß ich die Brieftasche in der Straßenbahn liegen gelassen hatte.

Seitdem sehe ich jeden Tag auf die Verlosungsliste der Straßenbahnlotterie.

Ich könnte nämlich eine Flasche Kognak jetzt sehr notwendig brauchen. Das dürfen Sie glauben!

Das Salzbüchsl

Wir sitzen uns jeden Tag in der «Blauen Kugel» beim Mittagessen gegenüber: Der alte Herr und ich. Er kommt eine Viertelstunde vor mir und liest – bis das Essen da ist – das Mittagsblatt. Dazu schnullt er an einem kalten Tobakspfeifchen und schluckelt an einem Achtel weißen Pfälzer.

Schnurgerade ausgerichtet liegt links neben dem Suppenteller das Besteck, rechts, im gelblichen Nickelring, das Mundtuch, auf dem man gegen Wochenende allerhand Speisekarte lesen kann.

Wenn ich mich hingesetzt habe, nickt er mir über die Stahlbrille weg grüßend zu, legt das Blatt beiseite, das alte, gutmütig bärbeißige Korporalsgesicht wendet sich zur Küche und die Nase schnuppert schon angeregt den ersten Duft.

«Sie!» sagt der alte Herr, «Sie! Leberknödel gibt's heut!» – Und ein Wellchen Seligkeit geht über das zerknitterte Gesicht.

Dann aber erinnert er sich plötzlich an seine Verpflichtung zum Bärbeißigsein und brummt: «Ach was! Leberknödl! Mei! Heutzutag Leberknödl! Sie, die hätten S'amol Anno 75 im Sternbräu essen solln! Sie, das warn Leberknödl!» – Mit liebevoller Fachkenntnis winden Mund und Hände beweglich und bewegt ein Stück Leberknödlvergangenheit zurecht. – «Mei, solche können's heut gar nimmer machen!»

Dann trägt die Zilli die Suppe auf und der alte Herr visiert sie haarscharf über die Brillengläser weg nach Fettaugen.

Dann greift die knochige, braune, ein bißchen zittrige Hand nach dem Salzbüchsl – es ist jeden Tag derselbe Griff – und schickt sich an, die Suppe zu salzen.

Fünf-, sechsmal schüttelt er das Salzbüchsl heftig über dem Teller – indes, wir wissen schon, nichts geht heraus. Die Löcher im Deckel sind seit Generationen verstopft, und der Wirt in der «Blauen Kugel» ist nicht für gewagte Betriebserneuerungen.

Der alte Herr blickt mich an. Jeden Mittag mit demselben angenehm empörten – bitter triumphierenden Blick und sagt: «Skandal! So ein Salzbüchsl! Ein Skandal ist das! Finden Sie nicht?» – Dann schraubt er umständlich und gewissenhaft den Deckel vom Gewinde, nimmt mit der Messerspitze ein Prislein, schraubt den Deckel an und stellt das Büchsl mit grimmiger Befriedigung an seinen Platz. – «Skandal!»

Nach fünf Minuten salze ich die Suppe, schüttle vergebens das Büchsl über dem Teller, schraube den Deckel ab – an. Der alte Herr sieht mir zu – nicht ohne Wohlgefallen und sagt kopfschüttelnd: «Ein solches Salzbüchsl! Da hört sich alles auf! Es ist wirklich skandalös!» – So geht das nun schon ein halbes Jahr und würzt uns Mahl und Unterhaltung.

Eines Tages sitzt ein Fremder an unserem Tisch.

«Jestatten!» sagt der Fremde und greift nach unserm Salzbüchsl! – Schüttelt. Schüttelt das Büchsl – schüttelt den Kopf. – Und – ja fällt denn der Himmel nicht über dem Frevler ein? – Er sticht mit der Gabel in die Deckellöcher und macht ihnen Luft...

Wir trauen unsern Augen kaum. – Am Hals des alten Herrn sind alle Sehnen gespannt.

Fröhlich rieselt das Salz aus den Löchern...

Der alte Herr geht daran, seine Suppe zu salzen. Er hat schon «Skan...» gesagt – das «dal» bleibt ihm im Hals. Das Büchsl streut wirklich Salz. Es geht. – Er stellt es mir mißmutig hin.

Den fremden Gast trifft ein Blick!

Als der gegangen ist, sagt der alte Herr grollend:

«Hab i's net gsagt, a Fremder! Glei am Redn hab i's gmerkt!
Glei tun, als ob's bei uns daheim wärn! I hab's dick, die Fremdn!»
Und die Augen des alten Herrn sind scharf und voll Bitterkeit und
Wehmut auf das Salzbüchsl gerichtet ...

Unser Mittag hat etwas von seinem Reiz verloren.

Wenn man aufs Essen wartet

In regelmäßigen Abständen zischen alle Sommerfrischler im
Wirtssalettl: tsz, tsz, tsz, tsz ... den Naturlaut der Ungeduld und
Entrüstung. Man ist hungrig und will essen. Aber die Wirtsköchin
sagt: «Mir ham aa warten müassen auf de Bagasch!» Und sie lädt
zornig zu einer Vorspeise ein, die nicht für jedermanns Zunge
sehr lecker und im allgemeinen nur auf Kirchweih gebräuchlich
ist. Die Kellnerin sagt: « I ko mi net darenna!» Und derrennt sich
nicht. Die Gäste warten. Man spielt mit Messer, Gabel, Teller und
Salzbüchseln, Zahnstochern und Bierfilzeln. Die Kinder besehen
sich ihr Gesicht in der Rundung des Löffels und grinsen so lang
hinein, bis der Vater erzürnt und voll Grimm mit seinem Löffel
auf die Finger der Sprößlinge haut. Denn er hat Hunger und kann
deshalb Ungebührlichkeiten nicht sehen. Worauf die Mutter ihm
einen Blick voll Klage und Anklage zuschickt und ihren Kindern,
so ostentativ als eine Frau sein kann, die Tränen trocknet. Denn
die Mutter hat Hunger und ist deshalb ostentativ. Was die Laune
des Vaters nicht bessert. Er dreht heftig den Teller um seine Achse
und würgt Zorn, Durst und Hunger ingrimmig hinab. Der Fritzl
muß ein Bier holen. Die Miezl muß Semmeln holen, die Anni
muß in die Küche und fragen, wann der Rostbraten fertig ist.

Sie kommt mit dem erschöpfenden Bericht, die Wirtin habe
gesagt: «Wenn er ferti is, is er ferti.» Der Vater erwürgt mit beiden Fäusten unterm Tisch einen imaginären Gegner und ächzt
dann: «Skandal!» Die Mutter sagt: «Bappi, reg dich nicht auf!»
Dies regt den Bappi noch mehr auf. Er sagt: «Ach was! Ge-
schwätz! Ich reg mich doch nicht auf! Aber du regst einen auf ...!»
Die Mutter nadelt an ihrer Stickerei weiter und sagt nichts
mehr. – Sie schweigt intensiv – vielschweigend. Das regt den Bap-

pi noch mehr auf. Der Fritzl dreht Brotkügelchen. Er bekommt eine Ohrfeige. Die Miezl muß in die Küche und fragen, was mit dem Rostbraten los ist. Die Köchin heißt sie einen frechen Bankert, und die Miezl kommt heulend zurück. Fritz und Miezl schluchzen das Tischtuch an. Die Mutter wischt Ihnen Augen und Nase. Der Bappi schnaubt und sagt, das sei das letzte Mal, daß er in die Sommerfrische gehe. Er ruft heiser vor Zorn: «Fräuln Vevi!» Die Kellnerin ruft automatisch «Glei!» zurück und verschwindet aus dem Gesichtskreis. Über dem Tisch hängt nachtschwarz eine Gewitterwolke. In Bappis Augengläsern wetterleuchtet es. Jetzt braucht die Anni nur noch das Limonadflaschl umzuwerfen ...

Der Bappi hat das Messer in der Faust. Er könnte die Vevi kalten Blutes abschlachten, wenn sie nochmal «Gleiiiiii» sagt!

Der Fritzl leckt als Vorspeise mit dem Finger Salz auf ... Die Anni muß in die Küche und fragen, was mit dem Rostbraten ist ... Die Mutter seufzt und sagt: «Bappi, reg dich nicht auf. Denk an deine Leber!» Der Bappi brüllt: «Ich reg mich doch nicht auf!!»

Die Hälse aller Gäste recken sich. Jetzt wird die erste Platte hereingetragen. Gierig gehen die Augen den Bratenplatten und Salatschüsseln nach. Bestecke klirren, Zeitungen rascheln zusammen, mitten im Satz muß das Interesse an «Weltpolitischen Ausblicken» dem Interesse an Bratenanteilen weichen, und Rabindranath-Tagore- und Courths-Mahler-Bände klappen rücksichtslos vor der Vevi zu und werden unter den Gegenpol der Seele verstaut. Festliche Erwartung! «Hierher, Vevi!» «Daher, Vevi!» « Unsern Niernbraten, Vevi!» «Wir haben noch keine Suppe, Vevi!» «Gleiiiiii!!!» Dazwischen hinein ein schneidender, schwertscharfer Ruf: «Hör'n Se mal, Fräulein Vevi! Nu warten wa schon ne jeschlachene Stunde! Nu kommen Sie mal ran ...»

Und der Herr in der blauen Leinenjacke und dem schmetternden Antlitz zieht alle Augen und Ohren in seinen Bann. Feindselige Augen! Und irgendwo orgelt ein tiefer Bierbaß: «Freili! Obakemma und 's Mäu aufreißen! Für eahm bressiert's bsonders! Halt mi, Amali, sunst muaß i higeh! Wo mir scho a Stund dasitzen ...!!»

Alle sind versorgt. Friede auf Erden. Man hört nur freundliches Geschirrklappern, Besteckklirren, leises, wohlbehagliches Kauen. Spannung, Ärger, Zorn haben einem tiefen Seelenfrieden auf den Gesichtern Platz gemacht. Der Bappi ist über seinen Rostbraten gebeugt, und die Mutter schneidet den Kindern vor, und der Bappi ist schon ganz abgeregt, und ein Semmelschmarrn von Güte liegt auf seinem Antlitz. Nach Tisch sind alle Menschen gütig.

Gespräch um ein Schi-Haserl

... Gar net recht abi kemma lassn s' an Schnee, na san s' scho da, die Brettlhupfer, de zsammzupftn ... Und Sie natürli aa! – Weil d' Weiber heutzutag überalln dabei sei müassn. – Moanst, daß dir a solche no an' Socka stricka ko oder a Kindswasch rauswaschn ... Aber dabei sei mit eahnere damischn Schibrettln und de Leut d' Augn ausstecha damit. – Hör mir auf mit der Natur! – Mir san aa in d' Natur ganga wia ma no jung warn, woaßd as no, in Schleibinger-Keller naus, wo's im Winter jedn Donnerstag de guate Schlachtschüssel gebn hat. – Dreiviertelstund hi und Dreiviertelstund her, allweil durch d' Natur durch. – Saukalt war's und zsammzogn hat's oan. Koa Elektrische is damals no net ganga. – Geh hast müaßn! Aber in d' Natur is ma do kumma. Da hat aber koa Mensch no was von Schifahrn gredt.

Da san d' Frauenzimmer mitm Kinderwagl gfahrn, net mit de Schi – und net glei alles so herzoagt, d' Haxn und s ganze Gstell als wia heutigntags. – Was – i hätt zwegn dem higschaugt?! Mach doch koane Sprüch, Böglmaier, i werd wegn so was scho hischaugn! – Daß mir da d' Rosl vom Sternbräu scho liaber war, zwegn de Formen und so, des derfst glaabn. No ja – vo mir aus, schlecht is net gwachsn, des Madl da. Aber daß de net wegn Sport alloa a so scharf auf das Schifahrn san! – Weeckentln oder wia ma's hoaßt, möchten s' halt. – Drum treibn s' alle Deifi-Sport überanand, de junga Leut. – Fahr no zua, du Has, du dappiger mit deiner Zipfihaubn – wer ma scho sehng, was rauskummt ... d' Haxn

brecha ... des taat's no ... aber nachher vielleicht oan kennalerna –
aus Breißn oder sunst woher ... der wo na auf und davo is, wenn 's
schnaggelt ...

... Aber alles was recht is, guat beinand is des Madl scho! – Scho
was dro! Des siehcht ma erscht, wenn ma's vo hint sieht. – Holz
bei der Hüttn sozusagen! – Des is richti ... An Bluatkreislauf befördert's scho, des Schifahrn ... Mir werd scho vom Oschaugn
ganz warm.

Vor der Fütterung

Ein Tiergarten-Bilderbogen

Die Frau mit dem Kirschenhut wirft dem Löwen durchs Gitter
unter zärtlich lockendem BßBßBß ... Nußkerne zu. Ihr Mann mit
der kalten Virginia im Mundwinkel schaut erst verächtlich auf
ihr Treiben und sagt dann: «Deine Nuß werd er fressn der Löb!
Da hat er gwart drauf. Kunntst eahm glei an Kartoffisalat nei-
schmeißn ...»

Sie: Warum? Fressn de Bärn doch aa Nuß! De Bärn san doch
grad solchane Raubtiere.

Er: Ja, weil s' net hoakli san. S' san richtige Säu, de Bärn. De
fressn alles. Aber so a Löb, der rührat dir koa Gmüas o, eher gang
er drauf.

Sie: Is scho wirkli a königliches Tier, so a Löb. Schau nur grad
des Auge o, wia er oan oschaugt ... Als wenn er's kennat ...

Er: Was sollt er denn kenna? Der denkt si höchstens: Mei Ruah
möcht i ham!

Sie (mit leiser Anklage): San net alle so, daß allweil eahna Ruah
ham möchtn.

Er: Geht eahm nix ab. Hat sein Auslauf, sei Fressn – – a Löbin
is a da ...

Sie: Aber de Freiheit, gel, da.sagst nix. De geht halt so an Viecherl mehr ab wia alles andere. Wenn man uns a so eisperrat ...?

Er: Is ma oghängt gnua ...

Sie: Mach nur du Sprüch! Wenn ma dir dein Stammtisch in Käfig stellat, nachher merkast gar nix vom Eisperrn. So a Löb hat a

größere Sehnsucht wia Tarock spuin. Der möcht in d' Natuhr, in Urwald möcht er ...

Er: Geh red dir net so schwer. Weil si der scho was aus der Natuhr macht. Und im Urwald ghört er gar net nei, wennst was verstehst, der is in der Wüste zuaständig.

Sie: ... Aber a Sehnsucht hat er doch ... Schaug nur, wia er allweil auf und ab lafft!

Er: ... Weil er aufs Fressn wart.

Ein kleiner Knabe: Gel, Mami, wia da Bappi lafft er auf und ab der Löb, wenns Essn net ferti is!

Eine Mami (verweisend): Tua schö brav sei, Franzl, und red net so dappat daher.

Der Franzl: A Suppn braucht er aber net essn, der Löb?

Die Mami: Geh, du Kasperl, wia werd denn a Löb a Suppn essn!

Der Franzl: Ja, weilst allweil sagst, daß ma sunst net groß und stark werd. Is ja der Löb aa groß und stark ...

Die Mami: Jetzt bist amal staad. Schaug nur, wia er ans Gitter hupft. Und des Gschroa ...

Ein Herr (mit einem Zwicker an der Leine): Das, liebe Frau, ist kein Geschrei, der Löwe schreit nicht, er brüllt ...

Die Mami: Is ma aa recht. Sagn halt Sie nachher Brülln für des Gschroa.

Eine ältere Dame (zum Wärter): Hören Sie mal, lieber Mann, halten denn die Gitter auch wirklich fest? Sperren Sie auch gewissenhaft ab ...? Das wär ja schrecklich, wenn so ein Raubtier aus Versehen plötzlich ausbrechen würde ...

Der Herr (mit dem Zwicker): Der Löwe, meine Dame, würde in diesem Falle vermutlich keine Gefahr bedeuten. Es ist anzunehmen, daß er – menschenscheu, wie er ist – flüchten würde. Ein Löwe, der noch kein Menschenfleisch kennt, geht uns aus dem Weg ...

Der Herr mit der Virginia: ... Ja, des wissen halt Sie – ob's aber der Löb aa woaß ...?

Die Frau mit dem Kirschenhut: Mein Gott, tean de Viecher greisli! Ja, gibt's denn so was aa! Da verstehst ja dei eigns Wort nimmer. De führe si ja wia de Wuidn auf ...

Er: Hab i dir ja glei gsagt, daß dir de auf deine Nuß was peifn. Siehst as, da bringa s' scho Brotzeit. An jedn an solchn Schlanzn Fleisch. –

Sie: ... Angst waar mir, wenn i des in ara Woch zwinga müaßt ...

Er: Im Landauer Hof war a amal oaner, da ham s' gwett, daß er vier Pfund Filet auf oan Sitz abidruckt ... A halbs Pfünderl is überbliebn.

Sie: Is ja net möglich, daß oa Löb a so a Trumm Fleisch dakraht ...

Der Herr (mit dem Zwicker): Raubtiere haben wie alle Fleischfresser einen kurzen Darm. Sie können unbeschadet ihrer Gesundheit unglaubliche Mengen ...

Die ältere Dame: Glauben Sie nicht, daß dieses schreckliche rohe Fleisch den Tieren doch schadet. Ich glaube, daß es besser verdaulich wäre, wenn man's ganz leicht anbraten ließ. Meine Munzi, wissen Sie, das war eine wunderbare Angorakatz, die hat rohes Fleisch überhaupt nicht angerührt. Herr Wärter, ist denn das Fleisch wirklich ganz roh? Könnten Sie nicht mal ihrem Direktor sagen, daß ich mit meiner Angorakatze die besten Erfahrungen mit gekochtem ...

Der Herr (mit dem Zwicker): Der menschliche Organismus allerdings sträubt sich heute gegen rohes Fleisch. Ob indes für unseren Darm Fleisch überhaupt ...

(Die ältere Dame, als sie das Wort «Darm» an sich gerichtet hört, dreht dem Herrn entrüstet den Rücken.)

Der Mann mit der Virginia: Da san S' aber schiaf gwickelt, Herr Nachbar, wenn S' moana, as Fleisch waar nix für die menschlichen Därme. Schaugn Sie's nur o, de Vegetarianer ... Jetzt gibt's sogar oa, de genga auf d' Wiesn und fressn de Pflanzln von der Erdn raus ... Da wern s' was derlebn mit eahnerne Gedärme ...

Die Frau mit dem Kirschenhut (betrachtet mit großen Augen, aus denen Grauen und Bewunderung spricht, wie der Löwe sein Rippenstück zerknackt und zerfetzt): A solcher Wuidling! Na, de Zähn wenn i hätt! – Alisl, was moanst, daß der Doktor Vordermaier für a Goldkrona verlangt, wenn i de alte draufgib? ...

Die Mami (mit dem Franzl): Schaug nur, Franzl, wia's eahm schmeckt, dem Löbn!

Der Franzl: Macht eahm des nix?

198

Die Mami: Was soll's eahm denn macha?

Der Franzl: Ja, weilst allweil sagst, beim Essn muaß ma si Zeit lassn, sunst waxt oam a Stoa im Bauch ...

Die Mami: Naa, so a dummer Bua! Mit dir kann ma scho wohi geh ...

Der Herr (mit dem Zwicker): Gut gekaut, ist halb verdaut, mein Junge! Und jung gewohnt, ist alt getan!

(Die Mami nimmt ihren Franzl mit mißtraurischem Seitenblick zu sich.)

Der Mann mit der Virginia (wohlwollend): Im Essn laßt si neambd gern was dreiredn. – Kumm, Amali, genga ma no nüber zu de Nilpferd. I siech s' bei dera Hitz gern, wenn s' a so unters Wasser genga. Macht oan aa an so schöna Durscht!

Amali, die Frau mit dem Kirschenhut, betrachtet noch immer den Löwen, wie er genießerisch Fleischsaft und Blut vom Boden leckt. Sie lockt zärtlich Bßbßbß und wirft ihm einen Nußkern durchs Gitter ...

Algen und Quallen

Wir warten im Schloßhof zu Wutzelburg auf die Führung und die Sehenswürdigkeiten. Noch sind es keine zwölf Personen. Unter einem runden Dutzend will der Kastellan nicht führen; denn «da kemmat alle Daumalang so a Zigeiner daher und möcht' die Brotzeiten stören». Also warten.

Die Mehrzahl der Wartenden hängt mit Bauch und Kopf über dem Rand des großen Brunnenbeckens mitten im Schloßhof. Wer warten muß, vertreibt sich die Zeit, so gut es geht. Kinder spucken gern von erhöhten Standpunkten aus ins Wasser. Erwachsene auch, aber nur wenn sie allein sind. Das Spiel der Wellenringe erfreut jeden. Stillere Temperamente bohren ihren Blick in die feuchte Tiefe und könnten stundenlang, starr wie hypnotisierte Hühner, den Moosboden betrachten, Naturforschende tauchen die Hand ins Wasser, ziehen sie wieder heraus und beobachten mit nachdenklichem Erstaunen, daß sie naß geworden ist.

Ein Ehepaar am Brunnenrand aber verfolgt ein grünliches, fadenziehendes Klümpchen, das da an der Oberfläche schwimmt. Die Frau rührt vorsichtig mit ihrem Finger daran. Sie sagt, leicht angegruselt, zu ihrem Gatten: «Des san Qualln!» Der Gatte, bisher ein stiller, träumender Betrachter des Brunnenbodens, faßt den grünlichen Komplex ins Auge und meint: «Des san koane Qualln, des san Algen, – sogenannte Algen san's.»

Die Frau: «Mir ham s' als Qualln glernt!»

Er: «Na laß dir nur dei Schulgeld rauszahln! Des kennt a jeds Kind, daß des Algen san. – Wassertiere!»

Sie: «Viecher san's gar koa. – Des san Pflanzen, solche Qualln.»

Er (höhnisch): «So, Pflanzen! Pflanzen! Weilst as nur du wieder besser woaßt! – Q u a l l e n, d e s waarn Pflanzn, aber de Algen da san Viecher. Des kann dir jeder bestätign, wo was versteht.»

Sie schweigt und sieht mit Nachdruck das grüne Klümpchen an. – Dann: «Da möcht i do glei wettn, daß des Pflanzen san, de Qualln.»

Er (leise abratend): «Sag i dir doch, des san Algen, koane Qualln! Und Pflanzn san des koa!»

Sie: «Alles vastehst aa net! Bei der Schlohmaierin in ihran Aquarium da ham s' Algen. De kenn i genau. Des san Seetiere, de schaugn ganz anders aus wia de Qualln da.»

Er: «Weil de scho was Gscheits ham beim Schlohmaier! I hab s' doch gsehng in der Ausstellung: Fleischfressende Pflanzentiere hat's ghoaßn, da warn s' de Algen. Da ghörn aa Polypen dazua und Seesterne. Laß di hoamgeign mit deine Qualln! Da hast no nia Qualln gsehng. De Qualln wern doch zu Korallen, sogenannte Korallenriffe, – gibt's gar net bei uns, de Pflanzn, wo Korallen wern. Aber Algen gibt's, und des san oa. Und Viecher san's aa!»

Sie: «De Qualln da, des siehgst doch schon an der greana Farb, daß des Pflanzn san.»

Er: «Na müaßt a Frosch aa a Pflanzn sei! Und a Heuschreck! Und überhaupts jetzt sag i dir's zum letztenmal: es san Algen, koane Qualln ...»

Sie angelt an der Schirmspitze einen grünen Faden heraus. – «Da siehgst ja no kloane Blattln an de Qualln – also ...»

Er (wütend):« «Algen, sag i dir! Und jetzt tuast ma des Bluatsgschlamp, des schmierige, weg, sunst wer i windig ...»

Der Kastellan kommt. Die Führung beginnt. Brav und aufmerksam, von Ahnenbild zu Ahnenbild flüsternd wie eine wohlerzogene Schulklasse, folgen die Besichtiger dem Leiter, und wenn er nicht herschaut, blickt der eine oder andere schnell einmal in den kostbaren venezianischen Spiegel, und ein Herr aus Krimmitschau setzt sich ganz heimlich auf den Brokatsessel, auf dem einmal Napoleon gesessen hat.

Nach geraumer Zeit gehen die Besucher mit gestilltem Bildungsdurst wieder über den Hof zurück. Auch das Brunnenehepaar.

Sie sind befriedigt. «Sehr schön ham die Leut gwohnt. – Sehr schön! Und alles so sauber ghaltn! – Auf dem Hof da siechst aa koa Stäuberl.» –

«Bloß der Brunna da brauchat amal richtig putzn.» –

Er: «De Algen versaun den ganzn Stoa!»

Sie: «Ma müaßt s' halt amal richtig ausmistn, de Qualln!»

Ordnung

Ich habe an meinem Schreibtisch ein Plakat gehängt: Man bittet höflichst, Unordnung zu halten. Ich habe es in Rundschrift verfaßt, weil diese Form von Schriftstellerei meiner Hausfrau am meisten Respekt abnötigt. – Aber, allein, indes – als ich heimkam, war der Schreibtisch doch wieder aufgeräumt. Die Bücher standen nach Größe und Dicke geordnet, die Manuskripte nach Oktav- und Quartblättern zusammengelegt, die Zeitungen nach dem Datum aufgeschichtet, die Briefe lagen unter dem Briefbeschwerer, obenauf die Schneiderrechnung, und die Krawatte lag in der Krawattenschachtel, in die doch der Rauchtabak gehörte. Der Rauchtabak indes war im Tabaksbeutel, der in drei Teufels Namen sonst mein Bargeld enthielt. Das Bargeld – na, das war Gott sei Dank ohnehin gar geworden.

Wer weiß, vielleicht hätte es die Hausfrau in einer perversen Anwandlung in die Geldkassette gesteckt, in die doch die Zigaretten gehören?

«Hausfrau», sagte ich, und in meiner Stimme bebten nahezu Tränen, «warum haben Sie wieder Unordnung in meine Unordnung gebracht?» – Die Hausfrau war verletzt. Sie hat wie immer nichts – absolut gar nichts angerührt. Sie hat nur abgestaubt. Das müßte doch sein. Und jedes Buch und jedes Blatt genau wieder auf seinen Platz gelegt – nur ein bißchen Ordnung habe sie hineingebracht. – Nur zweng der Unordnung.

Ich knirschte ein bißchen mit den Zähnen, aber nicht zu laut, weil man jetzt so schwer ein Zimmer kriegt, und machte mich gottergeben darüber, wieder geordnete Unordnung in die Ordnung zu bringen. – Nach halbtägiger Bemühung war ich soweit, daß ich das Buch, das ich brauchte, wieder im Augenblick unter dem Sofakissen hervorholen konnte und den Pfeifenputzer in der Blumenvase geborgen wußte. – Die Hausfrau sagte nichts. Aber ihre Augen sprachen: «Saustall!» Und ich wußte, der Krieg war aufs neue erklärt: Zwei Tage hielt ich die Stellung und ging nicht vom Schreibtisch weg, schlief im Stuhl und aß aus der hohlen Hand.

Dann mußte ich am dritten Tag eine notwendige Besorgung machen.

«Hausfrau», flehte ich und legte ein Kilogramm Schmalz in meine Stimme, «Hausfrau, bitt' schön! Räumen Sie nicht auf! Ich lese die Bücher weder nach der Dicke noch nach der Größe und schreibe nicht nach dem Papierformat.» Rührender kann kein Liebender eine spröde Geliebte um Erhörung betteln.

Die Hausfrau hob beteuernd die Hände gen Himmel und sagte: «Ja, was glauben S' denn! Ich hab noch nie ein Stückl an Ihrem Schreibtisch nicht angerührt. Ich hab doch noch nie nur ein Blattl verruckt, ich lass doch alles liegen *wie's* liegt!» Da wußte ich: «Verspielt!»

Ich ging in die Kirche und opferte dem heiligen Antonius, dem Schutzpatron für verlorene und verlegte Sachen, eine zweipfündige Kerze, auf daß er die Hausfrau erleuchte.

Als ich heimkam, standen die Bücher nach Dicke und Größe geordnet und so weiter. Die Hausfrau ging mir erst etwas schuldbewußt aus dem Weg; denn es entfuhr mir eine sieben Meter lange Verwünschung. Dann aber sagte sie freundlich: «Es schaut gleich netter aus, wenn ein bißchen abgestaubt ist.» – Mein Blick war Klage und Anklage, vermischt mit Verzweiflung. Dann ging ich resigniert daran, meine Schreibtischstellung auszubauen.

Die Hausfrau lächelte: «O mein Gott, Ihnen ging's schlecht, wenn man nicht ein bißchen Ordnung hielte.» – Ich griff nach dem Papiermesser. Sie enteilte. Nach einem Tag fand ich mich wieder in meinem Kram zurecht. – Ich kaufte nun einen Apparat mit Fangeisen und Schreckschüssen, stellte ihn auf den Schreibtisch und schrieb dazu: «Obacht! Legbüchsen!!» – Und ging dann mit einem Gefühl der Sicherheit fort. Als ich heimkam, standen die Bücher wieder nach Größe und Dicke geordnet. Die Hausfrau trug die Hand in einer Mullbinde und sagte freundlich: «Die Mausefalle habe ich in den Keller gestellt, wo sie hingehört, und auf dem Tisch habe ich ein bißchen abgestaubt.» Jetzt knirschte ich aber hörbar mit den Zähnen. Verzweifelnd machte ich wieder eine ordentliche Unordnung zurecht und zog dann einen elektrisch geladenen Stacheldraht um den Schreibtisch. – So!

Als ich heimkam, standen die Bücher wieder nach Größe und Dicke geordnet und der Monteur mit Gummihandschuhen und Drahtschere räumte die letzten Verhaue weg. – «Ich weiß», sagte ich mit Grabesstimme zur Hausfrau, «Sie haben nur abgestaubt.» – Als ich allein war, hing ich mich mit der Krawatte am Fensterriegel auf. Es muß alles ein Ende haben. – Mein Krieg war verspielt. –

Da ich – in tiefer Ohnmacht befindlich – abgeschnitten wurde und wieder erwachte, galt mein erster Blick dem Schreibtisch. Die Bücher standen nach Größe und Dicke geordnet, die Krawatte lag in der Krawattenschachtel und die Hausfrau stand mit dem Staubwedel da und staubte die nach dem Format geordneten Manuskriptblätter ab. Dann sagte sie freundlich: «Ich habe Sie vom Fensterriegel weggeholt. Ich habe nichts angerührt. – Nur der Ordnung wegen. Es sieht ein bißchen netter aus, wenn man im Bett stirbt. Ich habe den Fensterflügel nur ein bißchen abgestaubt.» – Meine Hoffnung ist ein Jenseits, in dem nicht abgestaubt wird.

Die Zimmerwirtin

Herr Schieferl, hab i zu eahm gsagt, ich muß Ihnen bitten, daß Sie nicht immer mit de Stiefi aufn Sofa liegn. Sie sind ein gebildeter Mensch, hab i gsagt, aber mit de dreckatn Stiefi legt sich höchstens eine Wildsau auf a frischhergrichts Sofa. Ham ja de Herrn aa a Freud, wenn's Sach schö beinand is. So hab i 's eahm oft durch die Blume gesagt, aber gnutzt hat's nix.

Stelln S 'n nur da her Ihrn Koffer, Herr Doktor, – so, Sie sand koa Doktor, macht nix, Herr Doktor. I raam s' na scho ei, Eahnere siebn Zwetschgn. Mei, früher waar's mir aa net eigfalln, daß i a Zimmer hergib, aber de wirtschaftlichen Zeitn, net, da nimmt ma halt des Kreuz auf sich mit so aran Zimmerherrn. Is mir koa Vergnüagn, derfa Sie's glaabn. Aber liaber wia a Freilein is mir allweil no a Herr. – Des ewige Gebritschl und Gekoch in der Wohnung mit so oaner und bald braucht's a warms Wasser und bald an Spiritus und na möcht's an Fadn und nacha brauchat's d'Maschin – an Herrn derf i halt gar net spürn. I hab ja nur bessere Herrn ghabt. Der Schieferl, no, wenn des mit'n Sofa net vorgfalln waar, i hätt a Aug zuadruckt, weil er mir allwei sei Zigarrnaschn in den Stock von meiner Aurakalie neigstroaft hat. Sehng S', da steht's. Da möcht i Eahna halt bittn, daß auf die Aurakalie aa a bißl obacht geb'n. Sie vertragt halt an Rauch so schlecht und a Ruah muaß s' ham, net alweil weegstelln. Sehng S', de Tür vom Kastn braucha S' gar net ganz aufmacha. Da könna S' bequem nei. – Ganz voll hänga S'n ja so net, na hat de Aurakalie ihr Ruah.

Des Bild da möcht'n S' weghänga? Des werd si halt schwer macha lassn. – Da waar i Eahna scho dankbar, wenn des bleibat. Weil's halt Gegenstücke san. Des is unser Vetter, a Gschwister Kind von unserem Schwagern. Des is da Geheime Direktionsrat Roglhammer. I taat mir Sündn fürchtn, wenn i den von sein Ehrnplatz überm Sofa wegnemmat. Wia oft hat er da sein Kaffee trunka, und allweil hat er gsagt, Frau Bas, alabonähr, hat er gsagt: Des is a Kaffee! Des is a Kaffee! An solchn hat er bei seiner Frau dahoam net kriagt. De hat an Dauma draufdruckt. Mei, des hätt er leicht ham könna.

Sehng S', da hängt as Gegnstück: des bin i, als junges Mädchen. Täuschend! Net. A bißl ausanand bin i halt ganga. Damals hätt mi der Roglhammer vom Fleck weg gheirat, aber des war a richtiger Doschuan, und nix Gewisses woaß ma net, vielleicht waar i na dagsessen. Sicher is sicher.

Weil ma grad davo redt, Herr Doktor, wegn de Besuche sozusagn. I siech's halt net gern, wenn's aus und eigeht wia in an Taubnschlag. Mitn Herrn Schieferl hab i da aa a ernstes Wort redn müassn. Des oana Freilein waar a Patenkind von sein er Schwester gwesn und des ander sei Schwester selber, und a Nichte hat er aa ghabt. Von de Briefe mag i gar net redn. Geht mi nix o! Aber i hab gsagt: Herr Schieferl, wenn Sie nur lauter Damen in der Verwandtschaft ham und glei so vui, na wern ma net alt mitanand.

Is nur, daß ma redt, Herr Doktor. Den Regulator da, den laß i nach Neujahr richtn. Des is a selten schöne Sach. Mei Mo hatn vorm Kriag beim Verbandsfest rauskegelt. War der erschte Preis! Wern S' kaum mehr oan findn, der wo so an gschnitztn Adler hat. Jetzt steht halt as Werk. Werd scho der Herr Schieferl so lang dro gricht ham. Aufs fremde Sach paßt ja koaner auf. Schaugn S' nur de Tischdeckn o! A kostbars Stückl. Der Blüsch is net zum Umbringa, aber glühende Zigarettn halt er doch net aus. Da legn ma a schöns Deckerl drauf, des wo zu de Sofaschoner paßt, nachher ham S' wieder a Freud dro, Herr Doktor. Wenn S' Eahna wirkli amal aufs Sofa hinlegn möchtn, i kann's Eahna natürli net verwehrn, kummt ja vor, daß oan amal übel is, oder d'Nerven lassen aus – aber mit der Hiliegerei werds bei an junga Menschn net besser. Wenn si oans amal legt – ma steht um so schwerer auf. I sag halt allweil, a Freid müassn meine Herrn an dem Sach ham ...

Wie Kapfinger ein Pionier der neuen Kunst wurde

Kapfinger hat seine «Alte» malen lassen. Kapfinger – Wagenschmier-, Lederfett- und Schmalzersatzfirma en gros.

Der Professor im zweiten Stock hat ihm zu dem Behuf des Gemaltwerdens einen Künstler angehängt. An beriehmten Kinstler, verstehst, an moderna, oan, der wo koa Buidl unter Sechstausend malt! – Aber wie halt diese modernen Künstler sind: Das Gesicht malt er grea, die Händ violett und das Blauseidene rot und as Kolliäh, vastehst, mit de Stoaner nur so wischi-waschi, als wenn dös Nebnsach waar!

Kapfinger und seine Alte haben an dem Bild viel geschluckt, aber der Professor vom zweiten Stock, der es wissen muß, hat gesagt: Wunderbar, lieber Herr Kapfinger. «Ein Meisterwerk! Dieses steile Flammen der Seide und dazu die delikate Lust – dieses leuchtende Inkarnat und diese blendende Palette an den Händen, problematisches Licht braust auf ...» Und ein paar andere «Damische», die er mitgebracht hat und die auch was von der Kunstmalerei verstehen, waren ganz weg.

Kapfinger und seine Alte haben unter vier Augen nur immer resignierend gesagt: A greans Gsicht! A greans Gsicht! – Aber nachdem die Leut, die wo was davon verstehn, alle sagen: ein Meisterwerk! – ist's halt für Kapfinger und Gemahlin schließlich und endlich und Herrgottsakrament nocheinmal auch ein Meisterwerk und kommt in den Salon. Siebentausad March hat's kost. – Die Spezln, der Kommissionär Daxfurtner und der Schnapsfabrikant Eglmaier hiaseln den Kapfinger nicht schlecht wegn dem «greana Gsicht».

76

Die «Alte» ist springgiftig zweng dem «greana Gsicht». Der
Kapfinger aber sagt: Siebentausad March! Ein beriehmter Kinstler, wenn i Euch sag! – Und das rote Blauseidene, wia er dös gmalt
hat dös Liacht im Gsicht und überhaupts ... Aber ös Deppen vo-
stehts ja nix von der Kunstmalerei. Er verteidigt das Bild wie die
Löwin ihr Junges.

Die Spezln grinsen und sagen kopfschüttelnd nur immer wieder: A greans Gsicht ...!

Kapfinger geht zum Meister und sagt, auf einen Tausender
käm's ihm nicht an, ob er denn nicht wenigstens das Gesicht

ein bißchen «fleischfarbig» maln könnt und vielleicht die «Stoaner» ...

Aber der Meister schüttelt den Kopf und erklärt Kapfinger so ähnlich wie der Professor das Werk. Nur brausen bei ihm die Hände, das Grün des Gesichts steilt sich auf und das Rot des Kleides ist delikate Palette.

Kannst nix macha! Kapfinger will klagen. Aber sein Berater in Rechtssachen rät ihm ab. Der Mann ist einer, der die Zeit und ihre Bilder versteht. Hören Sie, Kapfinger, sagt er, ich gebe Ihnen einen Rat ... Und er gibt ihm einen Rat.

Und Kapfinger kauft nun eine Anzahl ganz verwegener Expressionistenschwarten zusammen und kristallisiert sie um das Bild seiner «Alten», nunmehr «Porträt der Frau K.»

Das Drum und Dran schaukelt der Rechtsbeflissene. – Nach vier Wochen ist die «Neue Kunsthalle Kapfinger» eröffnet.

Das Geschäft blüht! – Der Doktor Schwofius feiert Kapfinger in den «Samtenen Blättern» als den großen Bahnbrecher neuer Kunst und schreibt:

Kapfinger – eine Posaune steilt durch die Welten – Kapfinger: Licht, Farbe, Erleben, rasend erlebendes Gebären. Das ist die Halle Kapfinger! – Halle? Tempel! –

Und schon bekommt Kapfinger die oberen Dreieinhalb des Geistes als Stammgäste in seinen Salon. – Die Galerie in Krotoschin hat den «Badenden Koksofen» gekauft, der große Sammler Snobson das «Blühende Tier» erworben.

Und mit seiner «Alten», mit dem nunmehrigen «Porträt der Frau K.», hat Kapfinger noch ein glänzendes Geschäft gemacht. Das Neue Museum in Krakau will es um zwanzigtausend Mark haben.

«Deni is koa Gsicht net z' grea! Kannst as überhaupts net grea gnua ham, de neue Kunst», sagt Kapfinger befriedigt zu seinem Sozius.

Nur der Kommissionär Daxfurtner sagt voll Neid: «Jetzt schaug dir an solchen Bazi o! – Zscherscht hat er mit Dreck vodeant und jetzt vodeant er wieder mit Dreck!

Der Daxfurtner hat eine rechte Wut auf die neue Kunst, bei der ihm dieser Kapfinger wieder zuvorgekommen ist.